HERBERT VOLLMANN

RELIGIÖSE THEMEN IN NEUER SICHT

HERBERT VOLLMANN

RELIGIÖSE THEMEN IN NEUER SICHT

VERLAG DER STIFTUNG GRALSBOTSCHAFT

STUTTGART

Die Deutsche Bibliothek – CIP-Einheitsaufnahme

Vollmann, Herbert:
Religiöse Themen in neuer Sicht / Herbert Vollmann. –
Stuttgart : Verl. der Stiftung Gralsbotschaft, 1995
ISBN 3-87860-253-7

Zweiter Band der Gesamtausgabe der Schriften von Herbert Vollmann, als Ausgabe letzter Hand. In Lizenz herausgegeben von der Stiftung Gralsbotschaft, Stuttgart.

1. Auflage 1995.
Gestaltung: Berthold Gauder, Musberg.
Umschlagbild: Ruth Kübler, Stuttgart.
Satz: Typomedia, Scharnhausen.
Druck und Bindung: Franz Spiegel Buch GmbH, Ulm.
ISBN 3-87860-253-7

Inhaltsverzeichnis

Vorwort

In einer Zeit, in der in den deutschen Ländern um neue geistige Erkenntnisse gerungen wurde, rief Martin Luther seinen Mitmenschen das Evangelium Christi wieder ins Gewissen, daß der Mensch allein in das Reich Gottes finden könne ohne die Kirche. Er forderte die Abschaffung aller menschlichen Mittlerschaft zwischen Gott und den Gottsuchenden.

Damit zeigte er seinen Mitmenschen den verlorenen Weg in die geistige Freiheit, womit die Möglichkeit eines ungeahnten geistigen Aufschwunges gegeben war, der vermocht hätte, das Schicksal des deutschen Volkes zum Guten zu wenden.

Doch viele gingen den gezeigten Weg nicht, und Zank, Streit, Spaltungen, Zwietracht, sogar Glaubenskriege waren die traurigen Folgen dieser geistigen Weckrufe. Die Christenmenschen vergaßen schnell die Freiheit ihres

Gewissens, indem sie ihren Geist durch starres Denken einengten.
Die mühsam gewonnene Freiheit wurde wieder in Buchstaben, Lehren und Formeln so eingezwängt, daß Lessing zweihundert Jahre später bedauernd schrieb: »Luther! Großer, verkannter Mann. – Du hast uns von dem Joche der Tradition erlöset: wer erlöset uns von dem unerträglicheren Joche des Buchstabens! Wer bringt uns endlich ein Christentum, – wie es Christus selbst lehren würde!« (Eine Parabel, 1778)
Heute ist die Einengung des Geistes, seine Kettung an die Materie so groß, daß eine Loslösung ohne die Hilfe Gottes nicht mehr möglich ist. Der Niedergang der Menschheit ist so weit fortgeschritten, daß wiederum wie vor der Sintflut die folgenschweren Worte ausgesprochen werden könnten: »Da reute es den HERRN, daß er die Menschen geschaffen hatte auf Erden, und es kümmerte ihn tief.« (1. Mos. 6,6)
Die Frage nach Gott ist zu einer Frage nach der Vorherrschaft des Verstandes geworden, der

nur Werkzeug für das Vergängliche sein sollte, aber von den Menschen in freiem Entschluß auf den Thron des Geistes gehoben wurde. Er ist mit dem furchtbaren Tier in der Offenbarung (13,1) gemeint, das Johannes aus dem Meer der Stofflichkeit aufsteigen sah.

Wenn heute von einer neuen Reformation, von einer Reformation des 20. Jahrhunderts gesprochen wird, dann sollte zuallererst von einer Erneuerung des ewigen Geistes, also des inneren Menschen die Rede sein: Er muß von den Fesseln der Vergänglichkeit befreit werden, damit auch die Empfindung und das Gewissen wieder frei werden von der Verstandesherrschaft.

Es geht diesmal nicht um die Festlegung neuer Glaubenssätze, die dann wieder zu neuen Spaltungen und Streitigkeiten benutzt werden. Heute, in der Zeit gewaltiger Umbrüche auf allen Lebensgebieten, geht es wie noch nie in der Menschheitsgeschichte um Sein oder Nichtsein der ganzen Menschheit. Das Ringen im 20. Jahrhundert ist bestimmt von der Sehnsucht nach Wahrheit, nach der ganzen Wahr-

heit des menschlichen Seins in dieser Schöpfung mit dem Endziel einer wahren Gotterkenntnis. Deshalb ist dieses Ringen überkonfessionell.
Nur in der Demut kann der Menschengeist in diesem harten Ringen einen gnädigen Gott finden!

Vomperberg, im September 1995

Gott schweigt nicht!

Wenn der Erdenmensch stirbt, verläßt seine Seele den Erdenkörper und tritt in voller Gestalt in die jenseitige Welt hinüber.

Der Erdenkörper vergeht und mit ihm eines der wichtigsten Organe, das dem Menschengeist in der diesseitigen Welt hier auf Erden als notwendiges Werkzeug dient: das Gehirn!

In einem Teil des Gehirns, dem Großhirn oder Vorderhirn, werden die Gedanken erzeugt, aus denen zuletzt der Verstand zusammengestellt wird. Mit dem Tode stirbt auch dieser. Er ist vergänglich, weil die Stätte seiner Entstehung – das Gehirn – vergänglich ist. Nichts in dieser Schöpfung, ob im Irdischen oder Außerirdischen, kann über seine Art hinaus; weder in seinem Dasein noch in seinem Wirken. Es kann also z. B. der Mensch sich nicht plötzlich in ein Tier verwandeln oder ein Tier wie ein Mensch denken und handeln, weil beide

Schöpfungsarten grundverschieden sind. Daraus ergibt sich die überaus wichtige Schlußfolgerung, daß der Verstand nur jenes begreifen kann, das, wie er selbst, vergänglich ist. Er kann darüber hinaus nichts verstehen, was ewig ist, dazu fehlt ihm einfach die Art. Er vermag nicht über die Stofflichkeit seines Gehirns hinaus zu wirken.

Aber wir haben etwas anderes in uns, das uns befähigt, das Unvergängliche, das Ewige und sogar Gott zu erkennen, und das uns auch nach unserem irdischen Tode erhalten bleibt: den menschlichen Geist, der sich in der Empfindung äußert, die auch die innere Stimme genannt wird. Die Empfindung ist ein Teil des Gewissens. Sie weiß genau, was gut und übel ist. Ihre warnende oder bejahende Stimme ist nicht zu überhören, wenn sie der Mensch hören will. Wilhelm von Humboldt (1767–1835) schrieb darüber: »Jeder muß sich selbst ein Richter sein und ist es auch. Denn wo etwas Mißbilligung verdient, sagt dies die innere Stimme lauter und verwundender als fremder Tadel es je tun könnte.«

Ein Mensch, der demnach seine Empfindung unterdrückt und sich allein auf seinen Verstand verläßt, ist ohne Gewissen, handelt und denkt gewissenlos. Nach der Schöpfungsordnung ist der Geist der Herrschende und der Verstand der Ausführende. Das natürliche Zusammenwirken zwischen Geist und Verstand, jeder auf dem ihm bestimmten Platz, können wir mit *Vernunft* bezeichnen. Der Mensch hat dieses natürliche Verhältnis im Laufe seiner Entwicklung aus freiem Wollen verschoben; er wurde »unvernünftig«. *Das* ist die *Erbsünde:* das Zugroßziehen des Verstandes und die Unterdrückung des Geistes.

Daraus ergab sich im Laufe der Zeit das Versagen der Menschheit. Der unterdrückte Geist und der einseitig hochgezüchtete, an das Vergängliche gebundene Verstand sind das echte Menschheitsproblem, um das sich alles dreht. Alle anderen Probleme sind erst Folgeerscheinungen dieses einen Hauptproblems. Und hier ist auch die einzige schwache Stelle, wo es Luzifer, dem Antichristen, gelingt, sich die Menschen dienstbar zu machen.

Auf der Ebene der Vergänglichkeit, also in der Stofflichkeit, vermag er Menschen, die sich durch übertriebene Verstandestätigkeit an die Materie binden, für sein gottfeindliches Tun einzuspannen.

Das zu groß gezogene Vorderhirn wird immer weiter vererbt und damit die Veranlagung (nicht der Zwang!), den lebendigen Geist des Menschen weiter zu unterdrücken und das Wollen des Verstandes dem Wollen des Geistes vorzuziehen, wie es schon Paulus sagte: »Ich habe eine Lust zu Gottes Willen nach meinem inneren Menschen (Geist), doch finde ich einen anderen Willen in meinem Fleische (Verstand), der will mich mit Sünden gefangennehmen.« (Röm. 7, 22–23)

In diesem Mißverhältnis zwischen Geist und Verstand liegt auch die Ursache zur Abkehr von Gott, und es überrascht nicht, wenn gesagt und geschrieben wird, daß heute die religiöse Grundfrage nicht mehr die Frage Martin Luthers sei, »wie kriege ich einen gnädigen Gott«, sondern: »Gibt es überhaupt einen Gott?«

Und weiter fragen die Menschen: »Wenn es

einen Gott gibt, wie kann dann all das Schreckliche und Grauenhafte geschehen, das wir täglich sehen, hören oder erleben?« Die so fragen, zweifeln an der Gerechtigkeit Gottes. Sie sollten darüber nachdenken, daß die Urheber dieser entsetzlichen Auswirkungen die Menschen selbst sind. Sie haben in ihrer Trennung von Gott seine Gesetze mißachtet, darunter auch das einfache Gesetz vom Säen und Ernten, von dem das menschliche Denken und Tun nicht ausgenommen ist. Immer befindet sich der Mensch in der Ernte dessen, was er in vergangenen und im jetzigen Erdenleben ausgesät hat durch seine Empfindungen, Gedanken und Handlungen.

Wohl wird bei vielen Gelegenheiten gesprochen: »Dein Wille geschehe!« Aber wer macht sich klar, wie und wo dieser Gotteswille sich äußert, um ihn auch wirklich aus Überzeugung in sich aufzunehmen und nicht nur aus blindem oder angelerntem Glauben geschehen zu lassen?

Für den Menschen ist der Wille Gottes nur in der Schöpfung mit ihren unabbiegbaren Gesetzen zu erkennen. Selbst die Wissenschaften erkennen die Tatsache dieser Gesetze und ihrer Unabänderlichkeit an, auch wenn sie den Ursprung dieser Gesetze leugnen, nicht kennen wollen oder aus ihrem Denken ausschließen. Niemand kann bestreiten, daß wir uns selbst schaden, wenn wir gegen die Naturgesetze handeln. Diese Gesetze aber gehören zur Sprache Gottes. Das Einhalten dieser Gesetze bedeutet nichts anderes, als Gottes Willen zu erfüllen und seine Sprache zu verstehen.

Gott schweigt nicht. Es sind die Menschen – und es sind sehr viele – welche sagen, daß Gott schweigt, daß Gott auf sich warten läßt, daß die Menschheit sich gegenwärtig in einem Zustand der Gottesferne befinde. Sie schreiben darüber Bücher und drehen Filme, sie errichten darauf ganze Lehrgebäude.

Was sollen all diese Aussagen bezwecken? Ist es Unruhe oder Angst, daß es doch anders sein könnte? Oder soll damit das Gewissen eingeschläfert werden? Doch gerade das Gewissen läßt vielen Menschen keine Ruhe. Denn es besteht in der Tat eine echte Gewissensnot, die aus der bevorzugten Bindung des Menschen an die Materie entsteht, zu der auch das Gehirn als Sitz des Verstandes gehört, und aus der noch nicht ganz unterdrückten inneren Stimme. Sie läßt ahnen, daß es *anders* sein muß mit der Gottesferne, daß es der Mensch ist, der sich von Gott entfernte, indem er zwischen sich und seinem Schöpfer aus eigenem Wollen eine Schranke errichtete, die ihn von Gott trennt. Er selbst verschließt sich seiner geistigen Kraft, die seit Schöpfungsbeginn die Schöpfung ohne Unterlaß durchströmt und ohne die der Mensch überhaupt nicht leben kann.

Aber noch andere Kräfte sind an der Bildung unseres Gewissens beteiligt: die jenseitigen Helfer, die uns leise drängen, raten, mahnen und warnen. Würden wir auf ihre Stimmen hören, würde bald unser schwaches Ahnen immer mehr erstarken, bis wir die Gewißheit haben, daß es in Wirklichkeit der Mensch ist, der auf den immerwährenden Anruf Gottes schweigt. Gott spricht ständig zu den Menschen durch seine Schöpfung. Die ganze sichtbare und unsichtbare Schöpfung ist seine Sprache.

Gerade die Menschen, die weder an die Worte der Bibel noch an Gott glauben und sagen: »Wir glauben nur an das, was wir sehen, wir halten uns an Tatsachen, weil wir diese verstehen«, sie merken es nicht einmal mehr, daß sie diese Tatsachen täglich, stündlich vor Augen haben.

Die ganze Schöpfung und mit ihr die Erde und die Natur sind Tatsachen, die von Gott sprechen. » ... Gottes unsichtbares Wesen, das ist seine ewige Kraft und Gottheit, wird ersehen, so man das wahrnimmt, an den Werken, nämlich an der Schöpfung der Welt ...«, schrieb Paulus an die Römer (Röm. 1,20).

In der Schöpfung offenbaren sich die Wirklichkeit und Vollkommenheit Gottes, nach denen die Theologie heute fragt und sucht.

Betrachten wir die Wunderwerke der Natur, angefangen bei dem winzigen Bau eines Atoms bis zu den im Gleichmaß sich bewegenden, gewaltigen Sternenwelten, dann offenbart sich dem wachen menschlichen Geist

eine ewige Ordnung, die vollkommen ist, weil sie aus der Vollkommenheit des göttlichen Willens hervorgeht.
Eine solche Ordnung kann sich nicht aus einem vor der Weltschöpfung ungeordneten Urstoff (Chaos) oder aus dem Nichts geformt haben. Es bliebe dann immer noch die Frage: wer oder was ließ das Chaos entstehen und formte es oder wer oder was schuf die Ordnung aus dem Nichts.
Keine Lehre über die Entstehung der Welt kann begründen oder verständlich machen, daß die Welt »aus sich selbst« entstanden sei. Die Frage nach dem letzten Grund, nach der Ursache, bleibt. Sie ist gleichbedeutend mit der Frage nach Gott.
Die Schöpfungsordnung ist eine Formung, eine Gestaltung, die logisch eine Kraft bedingt, durch welche sich die Ordnung vollzogen hat. Für den Ursprung dieser Kraft gibt es nur einen Namen: Gott. Das, was aus Gott wirkt, ist sein heiliger Wille, der göttliche Wille. Dieser Wille durchzieht alle Schöpfungsteile, ob sie sofort erschaffen wurden oder sich erst

in langen Zeitläufen entwickelten oder noch in der Entwicklung begriffen sind.
Die heute in Verbindung mit einer Vorstellung von Gott und seiner Schöpfung oft gestellte Frage: »Evolution« (Entwicklung) *oder* »Schöpfung Gottes« ist falsch. Denn die Schöpfung enthält *beides:* Urschöpfung und entwickelte Schöpfung. Alle Schöpfungsteile aber, die geschaffenen und die entwickelten, haben den gleichen Ursprung aus Gott, weil es nur *eine* Gotteskraft gibt, aus der alles geformt wurde und sich entwickelte, und dies alles ist den *gleichen* Gottgesetzen unterworfen.
Die geistige Urschöpfung erstand als erste Schöpfung bei den Worten »Es werde Licht«. Sie befindet sich unterhalb der göttlichen Sphäre. Die in der Bibel im 1. Buch Mose enthaltene Schöpfungsgeschichte über die sieben Schöpfungstage bezieht sich auf diese erste Schöpfung und nicht auf die Erde. Dieser Schöpfungsbericht hat keinen symbolischen Charakter, sondern gibt Erklärungen über tatsächliche geistige Vorgänge, die in unermeßlichen Höhen vor sich gingen.

Es ist logisch, daß mit der Schöpfung, die Gott *am Anfang* (I. Mos. 1,1), also zuerst schuf, nicht die Erde gemeint sein kann, die am weitesten von Gott entfernt ist und deshalb bis zu ihrem heutigen Zustand einen langen Werdegang hatte.

Wenn wir uns die Worte vergegenwärtigen, die Paulus an die Epheser über Jesus schrieb (Eph. 4,10): »Der hinuntergefahren ist, das ist derselbe, der aufgefahren ist über alle Himmel ...«, so sagen sie deutlich, daß zwischen der Erde und dem Göttlichen, aus dem Jesus kam, noch geistige Reiche (Himmel) sind. Auch darin liegt ein Hinweis, daß die Erde nicht die erste Schöpfung sein kann.

Gott schuf auch seine Schöpfung nicht aus dem »Nichts«, wie dies allgemein angenommen wird, sondern es war seine schöpferische Kraft, seine Ausstrahlung, die bei den Schöpfungsworten »Es werde Licht« hinausströmte in das lichtlose All. Und aus dieser lebendigen Kraft formte und entwickelte sich alles. In manchen alten Schöpfungsmythen wird der Akt der Schöpfung so gedacht, daß das höchste Wesen die Schöpfung aus sich selbst, und zwar aus seinem Herzen oder anderen Teilen seines Körpers schuf. Diese bildlich symbolische Wiedergabe veranschaulicht deutlich, daß ein »Schöpfungsmaterial« dagewesen ist und auch heute noch da ist, daß also die Schöpfung keinesfalls aus dem »Nichts« entstanden ist.

Es stimmt deshalb sowohl die Schöpfungsgeschichte der Bibel als auch die wissenschaftliche Erkenntnis von der Entwicklung der Welt. Deswegen braucht keiner in seinem Glauben schwankend zu werden. Denn auch Entwicklung ist gottgewollt. Ein gutes Beispiel dafür ist der Menschengeist selbst. Wenn er auch ewig ist, so ist er doch nicht gleich vollbewußt erschaffen worden. Er muß sich erst aus einem unbewußten »Geistsamenkorn«, das in natürlichem Vorgange aus dem geistigen Reiche (Paradies) »ausgestoßen« wurde, zu einer vollbewußten Persönlichkeit emporarbeiten; in einer Welt, die ebenfalls der Entwicklung unterliegt. Im Kampfe mit ihren fremdartigen Einflüssen soll er seine Erfahrungen sammeln

und gleichzeitig durch seinen Geist seine Umgebung veredeln, bis er nach und nach so reif wird, daß er in das Paradies zurückkehren kann. Er ist gleich dem verlorenen Sohn, der wieder in seine geistige Heimat zurückfindet.
Aber auch dort ist er noch unendlich weit von Gott entfernt. Nie kann ein Menschengeist seinem Gott persönlich gegenübertreten, weil Er in unnahbaren Fernen thront. So »nah«, wie sich die Menschen Gott denken, ist Er nicht, denn »so viel der Himmel höher ist denn die Erde, so sind auch meine Wege höher denn eure Wege und meine Gedanken denn eure Gedanken« (Jes. 55,9). Nah ist Gott den Menschen nur dann, wenn ein Teil von ihm (Sohn) in der Nachschöpfung (Welt) weilt.
Doch der Mensch hat die Fähigkeit, Gott an seinen Werken zu *erkennen.* Er ist in der Lage, von diesen Werken auf ihren Schöpfer zu schließen, auf seine Vollkommenheit und Erhabenheit. Auf diesem Wege kann er nach und nach zu dem rechten Gottesglauben, zur wahren Gotterkenntnis gelangen, zum Erahnen der Größe Gottes.

Weil der Mensch als Geschöpf zu diesem Werk gehört, ist es nur natürlich, daß er nach seinem Schöpfer und seinen Werken fragt. Bei normaler geistiger Entwicklung wird der Mensch auch das Bestreben und Sehnen haben, sich mit dem Schöpfer in Verbindung zu setzen. Er wird dabei erleben, daß eine unbedingte Abhängigkeit des Werkes vom Schöpfer vorhanden ist, die es dem Menschen unmöglich macht, jemals Erschaffer oder Meister selbst zu sein oder zu werden.

Seit der Mensch sich in der Welt aufhält, trägt er diese Sehnsucht in sich. Er hat sie als Erbe aus seiner ewigen Heimat mitgebracht, die Lichtsehnsucht. Sie ist ihm eingepflanzt und leitet ihn sicher dem Ziele zu, wenn er wach bleibt. Mehr und mehr werden durch Funde und Ausgrabungen Anzeichen und Beweise dafür gefunden, daß schon in grauen Vorzeiten, weit vor der Zeit der Aufzeichnung des Alten Testamentes, die damaligen Menschen ein höchstes Wesen anbeteten und verehrten. Denn Gott war und ist immer da.

Heute ist dieses Gottsuchen und Gotterleben

verschüttet durch die immer mehr zunehmende Erdgebundenheit des Menschen. Der zum Herrscher erhobene Verstand versperrt den Weg zu den Möglichkeiten des Erkennens. Er ist es auch, der behauptet, Gott sei tot. Doch nicht Gott ist tot, sondern der Geist des Menschen hat sich durch den Hang zum Vergänglichen so einmauern lassen, daß er wie tot ist. In diesem trüben Zustand kann er nicht anders, als Gott für tot zu halten.

»Gott ist tot« sagen heute bereits viele Christen auf der ganzen Erde. Sogar christliche Theologen behaupten dies, weil die Existenz eines Gottes nicht nachprüfbar sei. So überrascht es nicht mehr, wenn man heute immer mehr von einem »christlichen Atheismus« sprechen hört, so widersinnig diese Worte auch sind. Oder es kommt zu der grotesken Forderung, daß das Geschöpf »Mensch« von seinem Schöpfer *Beweise* dafür verlangt, daß der Schöpfer überhaupt existiert.

All diese Abwegigkeiten sind Trugschlüsse des Menschen, der den Wald vor lauter Bäumen nicht sieht. Er steht inmitten Gottes wundervoller Schöpfung, ist selbst ein Teil dieser Schöpfung und erkennt sie nicht als solche, weil er sich durch Festklammern an die Materie den Blick für das Große, Wesentliche trüben läßt, obwohl es sich ihm in dem Werk des Schöpfers geradezu aufdrängt.

Seelische Erschütterungen werden es ermöglichen, die Umklammerung durch die Materie, zu der auch der Verstand gehört, allmählich zu lockern, so daß der Menschengeist wieder fähig wird, die Sprache seines Gottes zu verstehen.

Denn: *Gott schweigt nicht!* Es liegt nur an dem Menschen, wenn er ihn nicht hören und erkennen kann!

Die Schöpfungsgeschichte

»Und Gott sprach: Es werde Licht! Und es ward Licht.« (1. Mos. 3) Auf dieses große Wort hin schossen die Strahlen über die Grenze der göttlichen Sphäre hinaus in das lichtlose All. Das war der Beginn der Schöpfung.

Diese Strahlen enthielten zwar alles, was zur Schaffung der Schöpfung nötig war, aber sie waren nicht Gott selbst.

Gott blieb *außerhalb* seiner Schöpfung und ging nicht in ihr auf, wie es etwa der Pantheismus besagt. Nach dieser Lehre soll Gott in jeder Blume, jedem Baum usw. *anwesend* sein. Ein Künstler, der ein Werk geschaffen hat, geht auch nicht in seinem Werke auf. Er steht *neben* seinem Werk. Genauso ist das Verhältnis zwischen Gott und seinem Werk, der Schöpfung, die nur durch seine Ausstrahlung entstand.

Es darf ferner nicht angenommen werden, daß

die erste Schöpfung, die Gott schuf, gleich das Paradies der Menschengeister oder die Erde war. Die Schöpfungsgeschichte der ersten sieben Tage, wie sie im ersten Buch Mose geschildert wird, betrifft die Urschöpfung. Sie ist geistiger Art und befindet sich unterhalb der göttlichen Sphäre. Der Schöpfungsbericht hat keinen symbolischen Charakter, sondern gibt Erklärungen über tatsächliche geistige Vorgänge in unermeßlichen Höhen und Weiten.

Man darf sich auch nicht dadurch beirren lassen, daß in dem Schöpfungsbericht das Wort *Erde* gebraucht wird. Es ist nicht »örtlich« auf unseren Planeten zu beziehen, sondern es gilt als Schöpfungsbegriff für das »Trockene«: »Und Gott nannte das Trockene ›Erde‹ und die Sammlung der Wasser nannte er ›Meer‹.« (1.Mos. 1,10) Damit werden Beschaffenheiten der Urschöpfung erklärt, die auch dort vorkommen, aber in anderer, leichterer Art als auf der Erde. Deshalb gibt es auch schon in der Urschöpfung Berge, Wälder, Wiesen, Meere, Tiere, Menschen in einer unvorstellbaren Schönheit und Vollendung als Vorbilder für alle nach dieser ersten Schöpfung entstandenen weiteren geistigen Schöpfungen, deren unterste erst das Reich der Menschengeister, das Paradies ist.

Wenn es nun in Vers 27 des ersten Buches Mose heißt: »Und Gott schuf den Menschen nach seinem Bilde«, so bezieht sich das auf die *ersten* Menschen in der Urschöpfung, also auf die »Urgeschaffenen«. Es sind geistige Idealgestalten, die nie auf der Erde waren, Vorbilder für alles weitere Entstandene, Entwickelte und für das, was sich noch entwickeln wird.

Diese sofort voll bewußten ersten Menschen, die *Urgeschaffenen,* sind nicht etwa göttlich, sondern geistiger Art, denn Gott schuf sie nur nach seinem *Bilde,* nicht nach seiner Art.

Die *Menschengeister* aber haben ihre Wiege erst in dem tiefer gelegenen geistigen Reich, dem Paradies. Sie sind nicht urgeschaffen, sondern der *Entwicklung* unterworfen. Genau so, wie es in der Natur Samen und Keime gibt, so sind auch Geistkeime vorhanden, die sich an der untersten Grenze des Paradieses befinden. Sie haben als Keime noch kein Bewußtsein, aber den Drang dazu, und dieser ist es auch, der sie aus dem Paradies »treibt«, anders ausgedrückt: sie werden aus dem Paradies »ausgestoßen« in die darunter liegende Nachschöpfung oder Welt, die aus der Feinstofflichkeit und Grobstofflichkeit besteht. Zu der letzteren erst gehört die Erde.

Die Nachschöpfung ist keine sofortige Schöpfung, sondern das Produkt einer jahrmillionenlangen Entwicklung nach den Gesetzen der Schöpfung, so wie es die Wissenschaft richtig aufgezeichnet hat, genau in der gleichen Reihenfolge, wie sie in dem biblischen Bericht über die erste Schöpfung genannt wird: Gräser, Pflanzen, Wassertiere, Vögel, Landtiere, Menschen. Hier in der Nachschöpfung sind diese nicht mehr unmittelbar geschaffen, sondern in langer Entwicklung geformt nach den Urbildern der Schöpfung. Es ist daher logisch, daß mit der Schöpfung, die Gott *am Anfang* schuf (1.Mos.1,1), nicht die Erde gemeint sein kann, die am weitesten von Gott entfernt ist und deshalb bis zu ihrem heutigen Zustand einen langen Werdegang hatte.

Nur in der Stofflichkeit vermögen die aus dem Paradies kommenden Menschengeistkeime durch Erfahrungen und Erleben zur Persönlichkeit zu reifen, und hier ist es vor allem die Erde, die die Möglichkeit dazu bietet, weil sie hier jenes Erleben und Aneinander-Reifen finden können, welches das Sichselbstbewußtsein zu erwecken und zu fördern fähig ist. Im Paradies ist dies nicht möglich.

Wie aber kamen die ersten Menschengeistkeime zu einem Werkzeug aus Fleisch und Blut, als es noch keine *Menschen*mütter auf der Erde gab, in die sie hätten inkarnieren können?

Es war ein einmaliger, nicht wiederkehrender Vorgang, der sich gemäß den Schöpfungsgesetzen in der weiteren Fortentwicklung der Stofflichkeit ergeben hatte: Die Geistkeime männlicher und weiblicher Art inkarnierten in werdende Körper der damaligen höchstentwickelten Tiere und benutzten sie so als Brücke in das Erdensein.

So ging die bis heute rätselhafte Menschwerdung auf Erden vor sich. Das Rätselhafte verschwindet sofort mit dem Wissen um die Fleischwerdung, die Inkarnation. Die Inkarnation ist der Eintritt der Seele in den werdenden Kindeskörper um die Mitte der Schwangerschaft. Dieser Vorgang ist heute noch derselbe wie damals. Nur daß es zu jener Zeit edle Tiere waren, die für die ersten Geistkeime als Übergang zur Erde dienten.

Durch seine geistige Herkunft ist der Mensch das höchste Geschöpf in der *Nach*schöpfung, der Welt, und kann deshalb als Krone dieser Schöpfung bezeichnet werden. Erst diesen Schöpfungsteil, zu der auch die Erde gehört, kann er sich »untertan« machen und ihn beherrschen unter strenger Einhaltung der Schöpfungsgesetze.

Wenn versucht wird, die Würde des Menschen anzutasten, weil eine naturgeschichtliche Verwandtschaft mit der Tierwelt vorliegt, so ist das verfehlt. Die Verwandtschaft bezieht sich nur auf den übernommenen Tierkörper, nicht aber auf den Inhalt; denn Geist und Tierseele sind grundverschiedene Arten.

Der Zoologe Thomas Henry Huxley

(1825–1895) drückt diese Verwandtschaft so aus: »Wir mögen daher ein System von Organen vornehmen, welches wir wollen, die Vergleichung ihrer verschiedenen Ausprägungen in der Affenreihe führt uns zu einem und demselben Ergebnis: daß die anatomischen Verschiedenheiten, welche den Menschen vom Gorilla und Schimpansen scheiden, nicht so groß sind wie die, welche den Gorilla von den niedrigeren Affen trennen.« (Zeugnisse für die Stellung des Menschen in der Natur, 1963, G. Fischer Verlag Stuttgart) Es ist derselbe Th. H. Huxley, der sich über Wiederinkarnierungen wie folgt äußerte: »Nur die Reinkarnationslehre könnte ein Bild des Lebens vermitteln, das gerecht wäre.«

Aus den vorhergehenden Erklärungen sehen wir, daß außer der sofortigen Schöpfung (Urschöpfung) auch eine Entwicklung da ist. Sie ist vom Schöpfer gewollt und vorgesehen. Die Schöpfungsgeschichte des 1. Buches Mose (Genesis) darf nicht so eng ausgelegt werden, als ob es nur eine sofortige Schöpfung gibt; andererseits kann aus der Lehre Darwins nicht einseitig nur eine Entwicklung (Evolution) gefolgert werden. Es gibt *beides.*

Selbst der Mensch ist von einer Entwicklung nicht ausgenommen. Sie beginnt, nachdem er das Paradies als Geistkeim verlassen hat, mit der Erweckung der in ihm schlummernden edlen und reinen Fähigkeiten und findet ihren Höhepunkt in dem Sichselbstbewußtsein einer Persönlichkeit mit freiem Willen, der volle Verantwortung bedingt.

Als Bindeglied zwischen dem geistigen Reich und der darunter liegenden Welt ist er in der Lage, Strahlungen geistiger Art zu vermitteln und damit alles zu veredeln.

Und wenn er dereinst in seine geistige Heimat – das Paradies – zurückkehren darf als geistig voll entwickelte, also gereifte Persönlichkeit, bleibt sein Wirkungsfeld weiterhin die Nachschöpfung. Er ist dann fähig, vom Paradies aus mitzuhelfen an dem Ausbau der dann unter ihm liegenden Nachschöpfung, die er aus eigener Anschauung gründlich kennenlernte. In dieser Tätigkeit liegt überhaupt der Sinn des Lebens. Der vorherige Aufenthalt in der Nach-

schöpfung dient nur zur notwendigen Entwicklung, um die Vollreife seiner Persönlichkeit zu erlangen, die allein ihm die bewußte Wiederkehr in das Paradies ermöglicht zum ewigen Mitwirkendürfen in der Schöpfung.
Die Nachschöpfung ist die dem Vorbild der Urschöpfung nachgeschaffene Welt der Stofflichkeit. Hierzu gehören sieben gewaltige in sich abgeschlossene Weltenteile, die sich in langen Zeitläufen in verschiedenen Strahlungspunkten bildeten und einen Riesenkreislauf vollführen.
Jeder Weltenteil hat einen Schöpfungsnamen. In der Offenbarung des Johannes werden diese Weltenteile als Gemeinden, also Weltgemeinden mit folgenden Namen bezeichnet: Ephesus, Smyrna, Pergamos, Thyatira, Sardes, Philadelphia, Laodicea (Off.1,11). Jede Weltgemeinde hat einen Engel als Hüter.
Die Größe der Weltenteile vermögen wir uns nicht vorzustellen, ebensowenig die Weiten, die zwischen ihnen liegen. Wir brauchen nur in unser Weltall zu sehen. Alles, was wir mit Hilfe der größten und schärfsten Instrumente

zu entdecken in der Lage sind, die Milliarden Sterne in unvorstellbaren Größen und Entfernungen, dürfte wohl noch zum Weltenteil Ephesus gehören. In diesem bewegt sich als winziger Punkt unsere Erde als Trabant der Sonne.

Nie kann ein Erdenmensch mit seinem Erdenkörper in einen anderen Weltenteil gelangen. Das ist nur dem Geist möglich, wenn er sich in einen Körper der dort vorhandenen Stofflichkeit inkarniert, deren Beschaffenheit im Vergleich zu unserer groben Stofflichkeit mehr oder weniger dicht ist.

Wenn wir aus den Botschaften an die Weltenteile (Off. 1,20 bis 3,22) auch nicht entnehmen können, daß es in unserem Weltenteil außer der Erde noch weitere bewohnte Sterne gibt, so vermögen wir daraus doch den Schluß zu ziehen, daß es in den *anderen Weltenteilen* ebenfalls Weltenkörper gibt, auf denen Menschen leben, die genauso gesündigt haben wie die Erdenmenschen. Daß diese Menschen keine Phantasiegestalten haben, sondern dieselben Körperformen wie die Erdenmenschen, ist selbstverständlich. Denn die Menschenform ist eine Eigenart des Menschengeistigen in der ganzen Schöpfung, und danach formen sich auch die jeweiligen Umhüllungen.

Die Gnade Gottes

Wenn auch das Gesetz der Wechselwirkung (Saat und Ernte) streng und unerbittlich ist, wie alle Gesetze in der Schöpfung, so ist doch auch die Gnade Gottes mit hineingewoben worden. Sie gibt dem Menschen *überhaupt* erst die *Möglichkeit*, eine Verfehlung gegen ein göttliches Gesetz oder Gebot, also eine Schuld, eine Sünde ablösen zu können, sobald er im Erleben sein falsches Wollen erkannt hat und sich innerlich in stetem Streben dem Guten zuwendet. Das ist eine Gnade Gottes, um deren Verstehen sich viele Menschen vergeblich bemühen, vielleicht auch deshalb, weil sie meinen, die in vielen Fällen zur Ablösung notwendigen Wiederverkörperungen des menschlichen Geistes, also die von Gott den Menschengeistern gewährte Möglichkeit wiederholter Erdenleben, verneinen zu müssen.

Und doch ist diese Gnade Gottes – im Gegensatz zum luziferischen Prinzip gnadenloser Versuchung und Verführung der Menschengeister zur Sünde – für menschliches Begreifen unsagbar weit und groß. Ohne diese Gnade der Erlösung käme der Mensch nie in die Lage, sich von der Last seiner Sünden zu befreien. Er müßte diese ewig mit sich tragen.

Die Frage, ob göttliche Gnade ohne Bedingung gegeben werde oder an die Erfüllung der göttlichen Gebote gebunden sei, beantwortet das Gesetz vom Ausgleich zwischen Geben und Nehmen, auf das Jesus mit seinen Worten »Geben ist seliger als nehmen« hingewiesen hat (Apg. 20,35). Von dem Menschengeist muß für die Gnade etwas als Ausgleich, als Gegenwert gegeben werden: das *Vertrauen auf Gott* und seinen Willen, das eng verbunden ist mit dem *Befolgen seiner Gesetze und Gebote*. Das Vertrauen ist die Grundlage für die Hilfe Gottes, für seine »vergebende Gnade«.

Der Begriff der Gnade darf also nicht *einseitig* aufgefaßt werden. Allein durch den Glauben ist eine Vergebung nicht möglich, wenn nicht dem Glauben die gute Tat folgt.

So erfährt der Mensch auch in der *Vorablösung* seines üblen Karmas die außergewöhnliche Gnade Gottes, wenn er sich ehrlich müht, seinen Empfindungen und Gedanken Reinheit zu verleihen. Er schafft sich dadurch mit der Zeit eine immer reiner werdende feinstoffliche Umgebung, die sich zuletzt mit Sicherheit auf alles Irdische auswirken muß.

Er lockert allmählich seine dunklen Fesseln, durchtränkt seine Umgebung mit erfrischenden, aufbauenden geistigen Strömungen und bewirkt dadurch, daß zurückkommende karmisch bedingte dunkle Strömungen von der lichteren Ausstrahlung gemildert oder zersetzt werden. Schließlich geht die Ablösung nur noch symbolisch vor sich, wobei der »Zufall« durch seltsame Führungen und Fügungen »mitspielen« kann; oder es ergeben sich Situationen, von denen wir vielleicht sagen würden, es hätte schlimmer ausgehen können. Ein Empfinden der inneren Erleichterung greift dabei um sich, als ob uns etwas Drohendes, Gefahrvolles gestreift hätte oder an uns vorübergegangen wäre.

Auch damit erleben wir eine der vielen Auswirkungen der Gnade, die der Schöpfer uns in seinen Gesetzen geschenkt hat.
Eine weitere Gnade ist es, daß sich der Menschengeist in der wundervollen Schöpfung aufhalten darf, um darin in freiem Wollen zur vollbewußten Persönlichkeit heranzureifen. Dies kann in voller Harmonie und Freude geschehen. Denn Leid und Schmerz sind dazu nicht notwendig. Das bringt allein der Mensch hinein. Von Gott ist es nicht gewollt!
Wie oft bitten wir, daß Gottes große Gnade über uns sein möge. Haben wir aber schon einmal darüber nachgedacht, *worin* die Gnade Gottes besteht?

Der ewige Ratschluß Gottes

Alles, was dem Menschen an Schwerem widerfährt, wird sehr oft Schicksal genannt und als eine höhere Macht angesehen, die das Leben des Menschen bestimmt.
In Wirklichkeit sind es aber die Menschen selbst, die sich ihr Schicksal oder Karma bilden, das je nach ihren freien Entschlüssen gut oder böse ist, genau nach dem Gesetz, daß derjenige die Saat vielfach ernten muß, der sie gesät hat, sei es auch oft erst in späteren Erdenleben. Jeden Augenblick legt der Mensch die Ursache für zukünftige schicksalhafte Auswirkungen, und jeden Augenblick steht er in den Rückwirkungen vorausgegangener Entschlüsse aus dem jetzigen und aus vergangenen Erdenleben.
So müssen auch die heute lebenden Erdenmenschen das vor sich selbst verantworten, was sie in früheren Erdenleben wollten und dachten. Dabei spielt es keine Rolle, ob das

Wollen allgemein war oder sich auf bestimmte andere Menschen richtete. Das sollte uns zur Vorsicht mahnen und unser Verantwortungsbewußtsein steigern, damit in Zukunft, sei es auf Erden oder im Jenseits, keine üblen Rückwirkungen mehr möglich sind, die unser Leben verdunkeln und schmerzvoll machen.

Deshalb denke ein jeder, den mehr oder weniger schwere »Schicksalsschläge« treffen, in erster Linie daran, daß *er* der Urheber ist und nicht ein anderer Mensch.

Vielleicht hat er irgendwann einem Mitmenschen etwas Übles zugefügt, der darunter *unschuldig* leiden mußte. Für den unschuldig Leidenden bringen die Schöpfungsgesetze stets einen Ausgleich in irgendeiner Form, vorausgesetzt, er verzeiht dem Übeltäter. An den Schuldigen aber hängen sich im Augenblick der Tat dunkle Karmafäden, die unbeirrt als Früchte seines Wollens auf ihn zurückkommen. Das ist dann die »Strafe«, die er sich selbst zufügt. In Wirklichkeit ist es der gerechte Ausgleich seines üblen Wollens, der echte »Sühnezwang«.

Unter diesem Gesichtspunkt muß die Lehre von der *Vorherbestimmung* (Prädestination) anders betrachtet werden als bisher. Danach soll durch den seit Ewigkeit feststehenden Entschluß Gottes bestimmt sein, wer von den Menschen zur ewigen Seligkeit zugelassen und wer zur ewigen Verdammnis vorgesehen ist. Das erweckt den Eindruck, daß *von vornherein* eine bestimmte Anzahl Menschen das ewige Heil erreichen dürfen und eine andere bestimmte Anzahl ewig verloren ist.
Dem entgegen steht der von Gott den Menschen verliehene freie Wille des Entschlusses, der besagt, daß es der Mensch ganz allein in der Hand hat, ob er nach oben oder unten streben will. Die Vollstrecker seiner Entscheidungen sind dann die Schöpfungsgesetze, die in Ausführung seines freien Willens ihn in lichte Höhen oder in dunkle Tiefen gelangen lassen. In diese Richtung weist auch der Ausspruch *Karl Mays* in seinem Buch »Himmelsgedanken«:
»Lächle nicht darüber, denn es ist wahr: Deine Gedanken, Worte und Werke werden in das

›Buch des Lebens‹ von keinem anderen als von dir selbst eingetragen.«

Die Bestimmung für das ewige Leben oder für den ewigen Tod liegt also nicht bei Gott, sondern nur beim Menschen. Er selbst trägt die Verantwortung für sein Tun und Denken, das ihn aufwärts oder abwärts führt. Gott läßt durch seine Gesetze nur die Entschlüsse des Menschen ausführen.

Allein darin zeigt sich den Menschen *der ewige Ratschluß Gottes* (Psalm 33, 11), der von Beginn der Schöpfung an in seinen unabänderlichen Gesetzen zum Ausdruck kommt und der eng verbunden ist mit der *Allweisheit Gottes,* die sich von Gerechtigkeit und Liebe nicht trennen läßt.

Die Himmelskönigin

Johannes erschaut in der ihm gegebenen Offenbarung ein »Weib, mit der Sonne bekleidet« (Kap. 12). Seit vielen Jahrhunderten sinnen die Menschen über diese geheimnisvolle Frau nach, und verwirrend ist die Fülle der Deutungen darüber. So heißt es, die Frau müsse als Personifikation der Kirche bzw. der christlichen Gemeinde betrachtet werden, es könne aber auch ein Sinnbild für Israel, für die Gottesgemeinde des Alten Testamentes sein. Sehr verbreitet ist die marianische Deutung, die besagt, es handele sich hier um die Messias-Mutter, also um die Erdenmutter Jesu, und das zusammen mit ihr erwähnte Kind sei Jesus.

Hierzu äußerte sich der Theologe Professor D. Johannes Weiss in den »Schriften des Neuen Testamentes« (1908) wie folgt: »Achten wir zunächst auf die Gestalt der Messias-Mutter. Die christliche Auslegung hat das Bild natürlich

auf die himmlische Maria bezogen; Dürer, Murillo u.a. haben die Himmelskönigin nach diesem Bilde dargestellt, wie sie auf der Mondsichel steht, vom Glanz der Sonne umstrahlt ist und den Sternenkranz auf ihrem Haupt trägt. Sicher ist aber, daß der christliche Apokalyptiker mit keinem Gedanken an Maria gedacht hat. Von einer himmlischen Herkunft oder einer Himmelfahrt der Mutter Jesu weiß das alte Christentum nichts. Die Maria der Evangelien ist noch ganz menschlich gezeichnet. Um so lebhafter bedrängt uns die Frage: Was konnte nur der christliche Herausgeber der Offenbarung, was konnten seine Leser sich unter der Gestalt denken? Um es hier gleich zu sagen: geschaffen ist sie überhaupt nicht von christlicher Phantasie; kein Christ wäre von sich auf den Gedanken gekommen, die Messias-Mutter so ganz anders als in den Evangelien darzustellen ...«
So gibt es noch andere Deutungen und Kombinationen einzelner Deutungen. Bei jeder bleiben Widersprüche zum Text, weil die Schilderungen und Bilder im Kapitel zwölf, wie über-

haupt in der ganzen Offenbarung, viel zu menschlich-irdisch aufgefaßt werden.
Die Offenbarung des Johannes enthält eine Bildersprache. Jedes Bild entspricht einem bestimmten Vorgang. Seine Deutung aber ist nur im geistigen Sinne möglich, weil es aus dem Geistigen gegeben wurde. Daher sind Überlegungen darüber, ob das 12. Kapitel der Offenbarung jüdischen oder christlichen Ursprunges sei, verfehlt. Der Ursprung liegt in einer Äußerung des göttlichen Willens, also weit über menschlichen Ansichten und Anschauungen.
Ebenso ist die Annahme fehl am Platze, der Verfasser der Offenbarung habe das Material für seine Bilder aus irgendeinem persischen, ägyptischen oder griechischen Mythos entlehnt. Es wird umgekehrt der Fall gewesen sein, daß die Kunde von dem in höchsten Höhen Geschehenen abwärts zu den Menschen gelangte und so in den verschiedenen Mythen alter Völker mehr oder weniger umgewandelt und verirdischt seinen Niederschlag fand. Denn immer wieder tauchen in diesen Erzählungen und Sagen die Geburt

eines Knaben, seine Verfolgung durch ein böses Tier sowie die Flucht seiner Mutter und schließlich der Sieg über das böse Tier als Grundmotiv auf.

In Wirklichkeit ist die Frau, die Johannes sieht, die Himmelskönigin oder Urkönigin, die den Namen Elisabeth trägt. Ihre Heimat im göttlichen Reiche liegt unermeßlich weit über dem geistigen Reiche (Paradies), das die Wiege der Menschengeister ist. Es ist also mit der Frau weder sinnbildlich die Kirche gemeint noch Maria, die Erdenmutter Jesu. Diese hat ihren Ursprung als Menschengeist im geistigen Reiche und kann nie die Grenze nach oben zu überschreiten und in das göttliche Reich gelangen zu dem Ursprungsort der Himmelskönigin, die auch Urmutter genannt werden kann, obgleich sie Jungfrau ist. Sie wirkt in der strengen Gottesliebe und ist das Urbild aller Weiblichkeit in der Schöpfung, der Ursprung aller weiblichen Tugenden, deren höchste die Reinheit ist. In der Urmutter liegt das mütterliche Prinzip des Hegens und Nährens, des Wachsens und Fürsorgens.

Hier und da geschieht es, daß ein Mensch in Erfüllung seines unerschütterlichen Glaubens an die Himmelskönigin oder aus tiefer innerer Erschütterung ein Strahlungsbild der Urkönigin Elisabeth erschauen darf, das nicht mit Maria von Nazareth zu verwechseln ist. Die Urkönigin selbst kann der Mensch nicht sehen, weil er mit seiner geistigen Art Göttliches nicht zu erkennen und zu erfassen vermag. Er kann nur auf dem Gnadenwege darüber Kunde erhalten. Die Kraft eines solchen Strahlungsbildes vermag, wenn der Boden dazu seelisch bereitet ist, unerwartete Hilfen zu geben, die wie Wunder wirken.

Zuweilen wird Begnadeten das Strahlungsbild der Urkönigin mit einem Knaben gezeigt, so wie ihn Johannes sah. Dieser Knabe ist Parzival. Er wurde als Kind gezeigt, weil er erst in dem Beginn seiner Mission stand, in der er noch zum Mann heranreifen mußte.

Denn seine Mission, welche die Errettung und Erlösung der gesunkenen, verirrten Menschheit der Nachschöpfung umfaßt, bedurfte einer langen Vorbereitungszeit, während der er alle Weltenteile durchwandern mußte, um die Erfahrungen aus dem geistigen Tiefstand der Menschen für sein großes Erlösungswerk zu sammeln.

Zu seiner weltumfassenden Aufgabe gehört auch die Fesselung des gestürzten Erzengels Luzifer für 1000 Jahre, wie es im Kapitel 20 der Offenbarung, Vers 1 bis 3, dargestellt wird. Der erwähnte »Engel, der vom Himmel fährt« ist Parzival. Luzifer, der seinen Ursprung im göttlichen Reiche hatte (im Kapitel 12 als »großer roter Drache« beschrieben), wußte, daß das Kind einst sein Bezwinger sein würde und griff es deshalb an. Er versuchte, in ihm das große Erlösungswerk schon von Anfang an zu vernichten. Luzifer aber wurde samt seinen dunklen Scharen von dem Erzengel Michael und seinen Getreuen aus allen Himmeln gestürzt und wandte sich nun der Nachschöpfung zu (Kap. 12,7–9).

Warnend wird im 12. Kapitel gesagt: »Weh denen, die auf der Erde wohnen und auf dem Meer (in der Stofflichkeit), denn der Teufel kommt zu euch hinab und hat einen großen

Zorn und weiß, daß er wenig Zeit hat«, nämlich wenig Zeit bis zu seiner Fesselung durch Parzival.

Wenn es weiter heißt: »Und die Schlange (Luzifer) schoß aus ihrem Munde nach dem Weibe ein Wasser wie einen Strom, daß er sie ersäufe«, so sind damit die dunklen Ströme des Hasses und der Verleumdung angedeutet, die Luzifer gegen die Urkönigin richtete. Sie prallten an der Reinheit des Lichtes ab und kehrten zurück in die Nachschöpfung, wo die »Erde sie verschlang«, was bedeutet, daß die Erdenweiblichkeit diese Strömungen aufnahm. Sie erlag freiwillig den Angriffen und Versuchungen Luzifers, des Antichristen. Nachdem er die Urkönigin nicht erreichen konnte, bekämpfte er nun »alle übrigen von ihrem Samen«, nämlich die Menschenweiblichkeit der Nachschöpfung, die ebenfalls zur geistigen Nachkommenschaft der Urmutter gehört.

Nach und nach erstickte Luzifer in seinem gottabgewandten Tun die Tugenden des Erdenweibes und löschte das Wissen von der Urkönigin aus.

Deshalb finden wir nur noch in alten Schriften einige wenige Spuren von dem Dasein einer weiblichen Idealgestalt in den höchsten Höhen, die mit Gott in direkter Verbindung steht.

In einer alten koptischen Schrift (Evangelium Mariae) wird eine Frauengestalt erwähnt, die sich direkt neben dem unsichtbaren Gott befindet. Auch in anderen Überlieferungen sind solche Hinweise. In »Acta Thomae« heißt es z.B.: »Wir loben und preisen Dich (Jesus) und Deinen unsichtbaren Vater und Deinen Heiligen Geist und die Mutter aller Geschöpfe.« Es wird hier neben der göttlichen Dreieinigkeit noch die Urmutter erwähnt!

Es gab einmal eine Zeit, in der der Glaube an die Himmelskönigin noch lebendig war und die Erdenweiblichkeit eine hohe geistige Stufe einnahm, weil sie durch diesen Glauben noch Verbindung hatte mit den weiblichen Vorbildern im geistigen und im göttlichen Reiche. Durch den Einfluß Luzifers kam der Glaube ins Wanken, wurde entstellt und ging schließlich ganz unter.

Doch nun kommt eine neue Zeit. Durch die Hilfe des Menschensohnes ist der Weiblichkeit noch einmal Gelegenheit gegeben, die Verbindung zur Urkönigin und allen ihr zugehörigen weiblichen Helferinnen in den lichten Reichen wieder aufzunehmen. Echte Sehnsucht nach dem Hohen und Reinen ist die Grundlage dazu. Die Frau von heute braucht diese Strahlungsverbindung, damit sie getreu ihrer vom Schöpfer bestimmten Aufgabe bei dem jetzt notwendigen Aufstieg der Erdenmenschheit vorangehen kann.
So löst sich das Geheimnis um die hehre Frauengestalt der Offenbarung, die Johannes einst im Glanze flutenden Lichtes sah, als ob die Sonne ihr Gewand sei!

Göttliche Wunder und menschliche Wunder

Die Wunder Jesu kamen weder durch Eingriffe in die Naturordnung noch durch die Aufhebung von Naturgesetzen zustande!

Jesus mußte sich bei seinen Wundern genau an die Schöpfungs- bzw. Naturgesetze halten, die in ihrer Unabänderlichkeit weder Ausnahmen noch Willkürakte zulassen. Er erfüllte damit die Gesetze seines Vaters.

Wenn Jesus Tote erweckte, vermochte er es nur so lange, wie die Verbindung zwischen Erdenkörper und Seele, die sogenannte silberne Schnur, noch vorhanden war. Das war bei der Erweckung der Tochter des Jairus der Fall. Daher die Worte Jesu: »Weinet nicht, sie ist nicht gestorben, sie schläft nur« und später die Aussage: »Ihr Geist kam wieder.«

Wir erkennen dabei gleichzeitig, daß Körper und Geist zwei verschiedene Arten sind! Der Geist, das Ewige – mit den feineren Hüllen

Seele genannt –, der nach dem Tode weiterlebt, und der Erdenkörper, das Vergängliche, der mit dem Austreten des Geistes zerfällt.
Nur Jesus konnte in seiner göttlichen Kraft die Seele in den Erdenkörper zurückrufen, und dem göttlichen Willen mußte sie als Menschengeist gehorchen.
Ganz gleich war der Vorgang bei der Auferweckung des Lazarus und des Jünglings zu Nain.
In dem Fall von Besessenheit mußte der fremde Geist dem göttlichen Willen ebenfalls gehorchen und von seinem Opfer lassen. Wenn der Geist eines Erdenmenschen träge oder schwach ist, ist es möglich, daß ein jenseitiger Geist von dessen Erdenkörper Besitz ergreift, um sich über sein Gehirn irdisch betätigen zu können.
Die »Austreibung« eines solchen »unsauberen« Geistes wird in der Bibel bei Markus, 1,23 ff beschrieben.
Nach den gleichen Naturgesetzen vollzogen sich die Wunderheilungen Jesu. Daher mußten die zu heilenden Körperorgane in jedem

Fall noch so weit funktionsfähig sein, daß durch den erhöhten Druck der Heilkraft die feinen Zellen der betreffenden Körperteile wieder zu gesunder Tätigkeit angeregt werden konnten, wodurch dann der Körper imstande war, von neuem ganz zu gesunden.
Außerdem mußte der darum Bittende stets von gläubigem Vertrauen erfüllt sein und sich demütig der heilenden Kraft öffnen.
Die Worte Jesu: »Dir geschehe, wie du geglaubt hast!« weisen auf das Gesetz vom Ausgleich zwischen Geben und Nehmen hin.
Das *Sichgeben* in aller Demut und Einfachheit bereitet den Weg für das *Nehmen*, das Empfangen der gnadenvollen Hilfe. Wo diese Voraussetzung fehlte, konnte die Heilkraft nicht aufgenommen werden.
Auch in der heutigen Zeit sind Wunderheilungen möglich! Es kommt vor, daß hier und da einem begnadeten Menschengeist eine besondere Kraft verliehen wird, mit der er dann Wunderheilungen vollbringt, so die Heilung bisher als unheilbar geltender Krankheiten.
Doch ist diese verliehene Kraft *nicht göttlich*!

Sie ist nicht zu messen oder zu vergleichen mit der im Urzustand seienden göttlichen Kraft, in der Jesus wirkte und die weit über Menschenmögliches hinausging!
Dem Menschengeist, der nichts Göttliches, sondern *Geistiges* in sich hat, stehen nur die in der Schöpfung, also außerhalb des Göttlichen vorhandenen Kräfte zur Verfügung, die gegenüber der göttlichen Kraft eine bedeutend engere Wirkungsmöglichkeit haben.
Eine dieser Schöpfungskräfte ist der Magnetismus, eine wesenhafte Naturkraft, die schon seit langem von Berufenen zum Segen der Menschheit verwendet wird.
Alle diese echten Heilkräfte werden jedoch nur denen gegeben, die sie als dazu Berufene in Reinheit und Demut aufnehmen und weitergeben.
Es gibt aber noch andere Wege, die zu wunderbarer Gesundung kranker Körper führen.
Hier seien die Wunder erwähnt, die an Quellen oder anderen Orten geschehen. Sie sind mit echten »himmlischen Erscheinungen« verbunden, die nicht Maria von Nazareth betref-

fen, sondern das geistige Strahlungsbild der Himmelskönigin, die ihren Ursprung im göttlichen Reich hat.

Bei gläubigem Vertrauen und rein empfundenen Gebeten öffnet sich für Bittende zuweilen der Weg zu dieser geistigen Strahlung, die für wundersame Heilungen und Fügungen empfänglich macht.

Leider besteht immer die Gefahr, daß Menschen solch hohe und reine Verbindungen durch falsche Vorstellungen und törichtes Benehmen trüben und stören.

Diese Erklärungen mögen zu der Erkenntnis führen, daß all die heilenden und stärkenden Kräfte immer von *außen* kommen, sie sind *nicht in uns* und können nur *empfangen* werden!

Viel wird von Wunderheilungen durch Hypnose gesprochen. Doch ist der Vorgang alles andere als ein Wunder. In Wirklichkeit geht es dabei um einen Einbruch in die persönliche Sphäre, der eine Bindung des Geistes verursacht und damit eine zwangsweise Ausschaltung des freien Willens!

An seine Stelle tritt der fremde Wille des Hyp-

notiseurs, der seinen Willen dem Willen des Hypnotisierten aufdrängt und ihn dadurch von sich abhängig macht.
Infolgedessen wird durch diesen fremden Eingriff nur eine vorübergehende *künstliche* Heilung herbeigeführt, die unter Umständen durch mehrmalige Hypnose gehalten werden muß, bis eines Tages die behandelte Krankheit oder Sucht selbst oder in irgendeiner anderen Form wieder durchbricht.
Auf jeden Fall wird der Wille des Hypnotisierten dabei geschwächt und eine wertvolle Zeit geht für ihn verloren, in der er gerade durch das Erleben seiner Krankheit in der Lage gewesen wäre, geistig daran zu reifen!
Außerdem besteht die Möglichkeit, daß er in der fraglichen Zeit wichtige Gelegenheiten einer *echten* Heilung versäumte, die er selbst aus freiem Wollen durch persönliche Willensanstrengung hätte herbeiführen können.
Es ist daher nicht leicht, sich aus dieser hypnotischen Bindung zu befreien, weil der Mensch sich mit aller Kraft des Geistes dazu aufraffen muß.

Die meisten machen sich wohl kaum einen Begriff, wie gefährlich die Anwendung der Hypnose ist, weil sie die Endauswirkung im Jenseits nicht kennen. Denn wie gesagt, sie bindet den Geist, und der freie Wille wird dadurch unterdrückt, einerlei, ob der Behandelte zugestimmt hat oder nicht. Auch durch eine Zustimmung vermag er die Auswirkung der Schöpfungsgesetze nicht auszuschalten, weil sich Hypnose gegen diese Gesetze richtet und damit eine Sünde wider den Geist ist, die für alle Ausübenden schwere Folgen hat! –

Betrachten wir nun noch die anderen Geschehen um Jesus, die als »Wunder« überliefert worden sind.

Bei der Fahrt auf dem See Genezareth beruhigte Jesus den stürmisch bewegten See: »Und bedrohte den Wind und sprach zu dem Meer: schweig und verstumme! Und der Wind legte sich und es ward eine große Stille.« (Mark. 4,39) In Wirklichkeit sprach Jesus mit jenen Naturwesen, den Dienern Gottes, die in den Elementen Luft und Wasser tätig sind, also ein ganz natürlicher Vorgang.

Sie gehören zu den gleichen Naturwesen, die im 104. Psalm erwähnt werden: » . . . der du machst die Winde zu deinen Engeln und zu deinen Dienern Feuerflammen.«
Das sogenannte Speisungswunder war kein Wunder, sondern ein Gleichnis. Die Menschen machten in ihrer Phantasie ein Gerücht daraus, das wie so manches andere Falsche später in die biblische Überlieferung aufgenommen worden ist.
Jesus hatte nicht die irdische Nahrung gemeint, sondern die geistige Speise, das Wort Gottes. Er sagte von sich: »Ich bin das Brot des Lebens.« (Joh. 6,35) Nur wenig nehmen die Menschen von dem Brote des Lebens, der geistigen Kraft, auf; das meiste lassen sie vorübergehen, verstreuen es achtlos gleichsam wie Krumen, die allein genügen würden, um Tausenden von Menschen, ja noch viel mehr, geistige Nahrung zu geben. Jesus war nicht in der Lage, aus wenigen Broten und Fischen plötzlich eine Nahrungsmenge für Tausende von Menschen zu schaffen. Das war nach den Schöpfungsgesetzen unmöglich.

Ebenso war es nach diesen Gesetzen undurchführbar, daß er z.B. Steine in Brot verwandelte, daß sein grobstofflich-irdischer Körper sich unbeschadet von der Zinne fallen ließ oder vom Kreuze stieg. Jesus vermochte auch als Sohn Gottes die in den Gesetzen seines Vaters enthaltene Vollkommenheit nicht zu durchbrechen, sonst wären sie eben nicht vollkommen. Dies wußte Luzifer genau, als er die Versuchungen an Jesus herantrug. Er wollte, daß Jesus sich vor dem Volk unmöglich machte, wenn er z.B. hätte Steine in Brot verwandeln wollen.
Wenn es uns heute möglich wäre, ein Wunder durch die Zeitlupe zu betrachten, würden wir feststellen, daß der Ablauf der einzelnen aufeinanderfolgenden Vorgänge lückenlos dem Wirken der Naturgesetze entspricht. Nur geht das mit außergewöhnlicher Schnelligkeit und konzentrierter Kraft vor sich, die bei den Wundern Jesus menschliches Können weit übertraf! Da wir diese Vorgänge nicht zu überblikken fähig sind, bezeichnen wir sie als wunderbar, als Wunder.

Wir sehen dabei nur die Endphase des Wunders, also die Auswirkung, und ziehen daraus meistens falsche Schlüsse auf den ganzen uns unbekannten Vorgang.
Nach diesen Erklärungen können wir das Wunder ohne Bedenken als Teil des christlichen Glaubens betrachten; denn dieser gründet sich auf die unbestechlichen, unverbiegbaren Gesetze Gottes, die auch bei allen Wundern nicht aufgehoben, sondern erfüllt werden.
In Wirklichkeit ist die ganze Schöpfung ein einziges gewaltiges Wunder, das wir offenen Herzens tagtäglich erleben dürfen!

Das Reich in uns

Oft wird dieser Ausdruck gebraucht. Man sagt auch: das Himmelreich oder das Reich Gottes in uns.

Was diese Worte wirklich bedeuten, darüber gibt es nur unklare Vorstellungen, welche die Hauptfragen offenlassen: Inwiefern ist das Reich Gottes im Menschen? War es immer in uns? Oder kommt es erst später in den Menschen hinein, etwa durch das Wort Gottes?

Das »Reich in uns« hängt eng zusammen mit dem Gesetz des Kreislaufes, das in der Natur gut zu beobachten ist.

Auch der Menschengeist unterliegt diesem Gesetz, welches besagt, daß ein jedes zu seinem Ursprung zurückfließt.

Wo aber liegt der Ursprung des Menschengeistes?

Im geistigen Reich, das wir das Paradies der Menschengeister oder auch »das Himmelreich« nennen; dort ist sein Ursprung, seine wahre Heimat, das Reich Gottes.

Weit über dem geistigen Reiche ist die göttliche Sphäre und Gott selbst in seiner Wesenlosigkeit, für die Menschengeister ewig unnahbar und unbegreiflich.
Der Menschengeist kann deshalb nichts Göttliches in sich tragen, weil sein Ursprung viel *tiefer* liegt, im *geistigen* Reiche.
Er lebt dort als unbewußtes Geistsamenkorn, das aus dem Paradies entlassen (ausgestoßen) wird und in die darunterliegende Stofflichkeit der Welt taucht. Hier erwacht der Geist zu vollem Bewußtsein und kehrt in natürlicher Entwicklung als sich selbst bewußt in das Paradies zurück, als der »verlorene Sohn«, der in sein Heimatland zurückgefunden hat.
Der Kern des Menschen, also das, was das Wesentliche des Menschen ausmacht, sein Geist, ist von der Art, wie sie im geistigen Reich vorhanden ist.
Er ist dadurch selbst ein Teil des geistigen Reiches, den er als Erdenmensch in sich trägt und der ewig ist, während alle Hüllen, die den Menschengeist umschließen, vergänglich sind.

Als Jesus von den Pharisäern gefragt wurde: »Wann kommt das Reich Gottes?«, antwortete er ihnen: »Das Reich Gottes kommt nicht mit äußerlichen Gebärden; man kann nicht sagen: Siehe, hier! oder: da ist es! Denn sehet, das Reich Gottes ist inwendig in euch.« (Lukas 17,20–21)

In der letzten zu Luthers Lebzeiten erschienenen Wittenberger Bibelausgabe von 1545 heißt es »das Reich Gottes ist inwendig in euch«.

In einer Bibelausgabe aus dem Jahr 1916 stehen noch dieselben Worte. Später wurde allerdings die Übersetzung Luthers geändert in »das Reich Gottes ist mitten unter euch«.

Begründet wurde dies von verschiedenen Seiten mit einer ungenauen Übersetzung des Urtextes und mit dem Einwand, das Reich Gottes könne nicht in den Pharisäern gewesen sein, weil sie sich gegen Jesus gestellt hätten.

Wir haben aber gesehen, daß dies doch so ist, weil Geist und damit ein Teil vom Reiche Gottes in *jedem* Menschen ist. Nur ist dieses »innere Reich« bei dem einen durch übles Denken und Tun ganz verschüttet und bei dem anderen weniger stark.

Nun ist es aber mit dem »Himmelreich in uns« allein nicht getan. Wir müssen uns ernsthaft, sogar mit eisernem Fleiß bemühen, die Verbindung mit den heimatlichen lichten Gefilden auch aufrechtzuerhalten.

Dazu verhilft uns die geistige Kraft, die aus dem gleichen geistigen Ursprung kommt und die Schöpfung durchströmt.

Der Geist in uns braucht wie der Erdenkörper seine Nahrung, damit er in das notwendige Bewußtsein hineinwachsen kann, das ihn erst zum vollkommenen Menschengeist macht. Wie der Erdenkörper das Wasser nicht entbehren kann, so benötigt der Geist eben das »Wasser des Lebens«, die geistige Kraft.

Sie ist sicher schon von jedem wahrgenommen worden, wenn eine starke innere Erschütterung, sei es tiefes Leid oder große Freude, die den Geist umgebenden dichten Hüllen lockerte. Dann spürte er für selige Augenblicke die Nähe dieser Kraft, die ihm im Alltagsleben kaum zum Bewußtsein kommt.

Mit Hilfe dieser geistigen Kraft und mit seinen vom Ursprung her in der Anlage vorhandenen Gaben und Fähigkeiten *wäre* der Mensch in der Lage gewesen, einen paradiesähnlichen Zustand auf der Erde erstehen zu lassen!

Stattdessen leidet er heute unter einer hochgradigen *Selbstentfremdung.* Er hat sich von seinem Selbst, seinem Geist entfremdet, indem er das Bewußtsein erlöschen ließ, einen geistigen Kern in sich zu haben.

Nur durch *dauernd* gutes Wollen vermögen wir dieses Bewußtsein wieder zu wecken. Horchen wir deshalb nach innen, lauschen wir der inneren Stimme und beachten jedes leise Drängen des Geistes nach Schönem und Edlem, jeden Schmerz um verlorene geistige Werte, jeden stillen Vorwurf, wenig oder überhaupt noch nichts getan zu haben, um die vom Schöpfer verliehenen Gaben zu voller Blüte zu entfalten.

Wenn uns oft inmitten alles Dunkels und aller Trübsal das Heimweh erfaßt nach vergangenen schönen Dingen, nach früher erlebten glücklichen Stunden, nach einer weichen, ge-

mütvollen Stimmung, wie es vielleicht bei einem Weihnachtsfest der Fall war, dann bezeichnen wir dieses heute gewöhnlich mit dem Fremdwort: *Nostalgie*!
Aber prüfen wir doch einmal genau mit der Empfindung, ob sich dahinter nicht die unstillbare Sehnsucht des unterdrückten Geistes verbirgt, die von der Erde fort nach den ewigen Gefilden des Reiches Gottes strebt, von dem wir den kleinsten Teil in uns tragen!
Mit dem Erwachen dieser inneren Sehnsucht ziehen wir immer mehr lichte Strahlen aus dem All herbei, die allmählich die selbstgeschaffene dunkle Umhüllung lockern und schließlich ganz auflösen, damit der Geist auf Erden wieder strahlend leuchten kann wie einst in den Frühlingstagen der Menschheit!

Die geistig Armen

»Selig sind, die da geistlich arm sind, denn das Himmelreich ist ihrer« steht in der Lutherbibel (Matth. 5,3). In anderen Übersetzungen heißt es: »Selig sind die Armen im Geiste.« Es wird dafür auch gesagt: »Selig sind die Einfältigen, denn ihrer ist das Himmelreich.«
Schon mancher Sucher hat ernsthaft darüber nachgedacht, welcher Sinn den »Armen im Geiste« zugrunde liegt und warum gerade diese in das Himmelreich kommen sollen. Es besteht hier eine Unklarheit, die nicht sein dürfte, weil Jesus seine Lehre stets einfach und klar zum Ausdruck brachte.
Wollen wir die richtige Deutung finden, müssen wir uns klar sein über die Begriffe *Geist* und *Verstand.* Geist ist das Ewige im Menschen, das auch noch nach seinem Erdentod vorhanden ist. Er äußert sich in der Empfindung, die auch die innere Stimme genannt wird. Verstand aber entsteht im Gehirn, das

mit dem Erdentod vergeht. Daraus allein geht schon hervor, wer den ersten Platz einzunehmen hat: der Geist des Menschen. Er muß den Verstand als nützliches Werkzeug auf Erden richtig verwenden. Heute ist es aber so, daß der Verstand sich zu einem verbogenen Werkzeug entwickelt hat, das in krampfhafter Überlegenheit und dünkelhaftem Hochmut den Geist unterdrückt.

Betrachten wir unter diesem Gesichtspunkt Geist als das, was er wirklich ist, als den inneren ewigen Kern des Menschen, als sein eigentliches Ich, dann fragen wir uns: Kann ein geistig *Armer* in das Himmelreich kommen? Es müßte doch das Gegenteil der Fall sein. Nur ein solcher Menschengeist müßte die ewige Seligkeit erlangen können, der mit dem ihm anvertrauten Pfund gewuchert, also die schlummernden Fähigkeiten seines Geistes voll entfaltet hat und dadurch *reich an Geist* geworden ist.

Setzen wir aber fälschlicherweise Geist gleich Verstand, wie das heute allgemein üblich ist, so haben wir einen verstandesarmen Menschen, der als »einfältig« bezeichnet wird. Einfältig heißt aber in der heutigen Umgangssprache »gutartig beschränkt« oder »dumm«. Diesen Einfältigen und Dummen soll nun gewissermaßen als Trost und Entschädigung für ihre Verstandesarmut die ewige Seligkeit zugesprochen werden.

Diese eng begrenzten Auslegungen sind selbstverständlich von Jesus niemals gewollt gewesen. Wenn er zu den Menschen sprach, so galten seine Worte in erster Linie nicht dem Verstand, sondern dem *Geist* des Menschen, so auch bei den Seligpreisungen. Es ging hier um Geistiges und nicht um verstandliche Vorzüge oder Mängel. Die Menschen sollten mit der Einfalt ihres Herzens die von Jesus verkündete Wahrheit aufnehmen, frei von allem komplizierten und ausgeklügelten Denken des Verstandes. Einfalt ist hier aber nicht im abwertenden Sinn von Beschränktheit aufzufassen, wie es heute in dieses Wort gelegt wird, sondern im Sinn von Einfachheit. Sie wird uns vielleicht noch besser verständlich, wenn wir an das Wort »Schlichtheit« denken.

Wir haben hier wieder einmal ein Beispiel mehr für einen verbogenen Begriff, von denen die Menschheit in zunehmender Verengung des geistigen Begriffsvermögens so viele sich formte.

Ursprünglich lag in der Bezeichnung »einfältig« die Bedeutung von »einfach«, die dann allmählich umgewandelt wurde in »beschränkt«! Jesus kannte den großen Wert der Einfachheit des menschlichen Wesens. Sie kommt in einem klaren Empfinden zum Ausdruck, das den Verstand als Produkt des an Raum und Zeit gebundenen Gehirnes wohl als notwendiges und nützliches Werkzeug für das irdische Leben nützt, aber sich von ihm nicht unterdrücken, also beherrschen läßt.

Deshalb nahm er auch seine Jünger aus den sogenannten einfachen Kreisen, die nicht mit einem komplizierten und verbildeten Denken belastet waren. Seinen Hörern legte er ans Herz: »Wenn ihr nicht umkehret und werdet wie die Kinder, so werdet ihr nicht in das Himmelreich kommen.« (Matth. 18, 3) Das heißt, die Menschen sollen so einfach denken wie die Kinder, also schlicht und natürlich. So sind auch Schillers Worte zu verstehen: »Und was kein Verstand der Verständigen sieht,/Das übet in Einfalt ein kindlich Gemüt.« (Gedicht: Die Worte des Glaubens)

Allein einfaches Denken und Empfinden bringt Klarheit. Die Menschen ahnen nicht die wahre Größe dieser Einfachheit. Sie schätzen sie zu gering und erkennen sie deshalb auch nicht in den Gesetzen der Schöpfung, die den Willen Gottes zum Ausdruck bringen.

Der Verstand kann das nicht erfassen. Er ist irdischer Herkunft und unterliegt deshalb der irdischen Beschränkung von Raum und Zeit, während der Geist seinen Weg schrankenlos zur geistigen Höhe gehen kann. Die ungetrübte Klarheit seiner Empfindung öffnet ihm diesen Weg und vermittelt ihm die Verbindung mit jenen Strahlungen der Schöpfung, aus denen er sich nach und nach eine Himmelsleiter formen kann, die bis in das geistige Reich (Paradies) hinaufreicht.

Deshalb können wir mit gutem Grund annehmen, daß die erste der Seligpreisungen jenen

Menschen gilt, die in der Einfalt ihres Herzens und in ihrer schlichten, lauteren Gesinnung ihren Lebensweg gehen, bis zur Erfüllung ihrer himmlischen Sehnsucht.
So werden aus den »Armen im Geiste« die Einfältigen, die *einfach* das Wahre aufnehmen, die also schlicht und einfach an die Wahrheit herangehen, ohne Vorurteil und frei von vorgefaßten Meinungen.
Ihnen hat Jesus verheißen: »Selig sind die Einfältigen, denn ihrer ist das Himmelreich.«

Die Heimsuchung bis ins dritte und vierte Glied

Das Gesetz von Saat und Ernte, Ursache und Wirkung, das auch das Gesetz der Wechselwirkung genannt werden kann, ist ein für die ganze Schöpfung *einheitliches* Gesetz, das ebenfalls für das menschliche Tun und Denken gilt und den Schicksalsablauf bestimmt.

Hierzu gehören auch Geschehen, die als *Zufall* bezeichnet werden mit der Bedeutung des Willkürlichen und blinden Waltens.

In Wirklichkeit sind sie aber die Folgen gesetzmäßiger Vorgänge, die oft seltsam und unerklärlich sind, weil der Mensch nicht mehr in der Lage ist, die unsichtbaren Zusammenhänge dabei zu überblicken und zu erkennen. Mit einer verstandlichen Beurteilung seines Schicksals kommt er nicht weiter. Hier sind außerirdische Gebiete einbezogen, die dem irdischen Verstand nicht zugänglich sind.

Wie oft sagen wir bei schicksalhaften Ereignissen: Es war ein unglücklicher oder glücklicher Zufall, der Zufall hat es so gewollt, eine Reihe von Zufällen brachte es mit sich oder es war ein Spiel des Zufalls. Aber das Spiel war gekonnt, es ging nach unbestechlichen Regeln vor sich, welche die Schöpfungsgesetze bestimmen.

Nach denselben Gesetzen müssen viele Menschenseelen wieder auf die Erde zurückkommen, um ihre Sünden, die sie einstmals auf Erden begangen haben, gutzumachen, abzulösen. Denn irdischer Beginn bedingt irdischen Abschluß nach dem Gesetz des Kreislaufes, wonach sich der Ring dort schließen muß, wo er örtlich begonnen worden ist. »So rächt sich alle Schuld auf Erden« (Goethe), wobei der biblische Ausdruck »rächen« nichts anderes besagt als die Auswirkung des Gesetzes vom Säen und Ernten.

Das gleiche Gesetz drücken die biblischen Worte aus: »Die Missetat der Väter wird heimgesucht bis ins dritte und vierte Glied an den Kindern.« (2. Mose 20,5)

Die Heimsuchung bezieht sich nicht auf die

Vererbung. Was vererbt wird, ist nur rein körperlich. Wir sehen es z.B. bei Anhängern von Rauschgift und bei Trinkern, deren Kinder dann körperliche Gebrechen haben.
Eine geistige Vererbung aber gibt es nicht. Deshalb betrifft die Heimsuchung *allein die karmischen Rückwirkungen* eines Unrechtes, welches z.B. Eltern an Kindern begehen. Sie wirkt von Generation zu Generation fort, bis in einer Generation durch bessere Erkenntnis dem Sühnezwang ein Halt geboten wird, und es dem Urheber möglich ist, mit der Lösung seines Karmas zu beginnen.
Eine solche Missetat ist es, wenn Eltern ihren Kindern beibringen, es gäbe kein Fortleben nach dem Tode, alles sei dann aus. Daraus ergeben sich tiefgreifende, ungünstige Auswirkungen, besonders wenn die Nachkommen diese falsche Ansicht beibehalten und weiter auf die Kindeskinder übertragen. Diese Wirkungen währen so lange, bis in einer Generation die Erkenntnis von einem Fortleben ersteht und der Urheber dadurch erst fähig ist, sich allmählich von seiner Schuld zu lösen.

Gerade die heutigen Zustände des sittlichen Verfalls sind zu einem erheblichen Teil bei Jugendlichen und Erwachsenen in der verhängnisvollen Anschauung verwurzelt, nur einmal auf Erden zu leben. Daher wird das Erdenleben sinnlos genossen, ohne Rücksicht auf die Nebenmenschen und in voller Mißachtung der dem Menschen von Gott auferlegten Verantwortung. Die Flucht in Rauschgift und Drogen, in Krankheit und Selbstmord hängt zum Teil damit zusammen.

An die Folgen der Rückwirkung wird dabei nicht gedacht, und dennoch wirken sie sich aus, hier auf Erden oder dort im Jenseits, ungeachtet des menschlichen Wollens und Denkens, das selten mit den Gesetzen der Schöpfung übereinstimmt.

Die Schuld von Golgatha

Die Kreuzigung

Als Pilatus bei seinem Verhör Jesus fragte: »So bist du dennoch ein König?« antwortete Jesus: »Du sagst es, ich bin ein König. Ich bin dazu geboren und in die Welt gekommen, daß ich für die Wahrheit zeugen soll. Wer aus der Wahrheit ist, der höret meine Stimme.« Da fragt Pilatus: »Was ist Wahrheit?« (Joh. 18,37 und 38) In den vier Evangelien des Neuen Testamentes wird diese Frage nicht beantwortet. Aber wir lesen die Antwort im Nikodemus-Evangelium (III,2)[1]: »Da erwiderte ihm Jesus, die Wahrheit stammt vom Himmel. Und Pilatus: Gibt es auf Erden keine Wahrheit? Darauf Jesus zu Pilatus: Du siehst doch, wie die, welche die Wahrheit sagen, von den irdischen Machthabern gerichtet werden.«
Es war eine unvermeidbare Folge, daß Jesus,

[1] Neutestamentliche Apokryphen; Mohr, Tübingen.

der aus der Wahrheit kam, bei seinem Erdenwirken zwangsläufig die Feinde der Wahrheit bloßstellen mußte, die hauptsächlich in der herrschenden Priesterschaft zu suchen waren mit dem Hohenpriester Kaiphas an der Spitze. Sie wollten es nicht hinnehmen, daß Jesus das mosaische Gesetz mit einem neuen Geist erfüllte und immer mehr Einfluß auf das Volk gewann. Dadurch bedrohte er ihre Macht und ihr Ansehen. Das Mißtrauen und die Geringschätzung, die sie dem Wahrheitsbringer entgegenbrachten, verwandelte sich in kurzer Zeit in offene Feindschaft und tödlichen Haß. Nachdem sie ihn anfangs durch hinterhältige und spitzfindige Fragen als unglaubwürdig hinzustellen suchten, verlangten sie bald seine irdische Vernichtung. Kaiphas sprach mit den Worten: »Es ist uns besser, ein Mensch sterbe für das Volk, denn daß das ganze Volk verderbe« (Joh. 11,50), das Todesurteil über Jesus. Denn »von dem Tage an ratschlagten sie, wie sie ihn töteten« (Joh. 11,53). Es mußte nur noch ein gesetzlicher Grund gefunden werden, der sich bald bot. Judas erleichterte durch

seinen Verrat die beabsichtigte Gefangennahme Jesu. Als dieser sich vor dem Hohen Rat als Sohn Gottes bekannte, verurteilten sie ihn nach dem Buchstaben ihres Gesetzes als Gotteslästerer zum Tode. Sie übergaben ihn dem damals zuständigen Statthalter (Prokurator) der römischen Besatzungsmacht Pontius Pilatus, da sie selbst keine Todesurteile vollstrecken durften (Joh. 18,31).
Jedoch konnte der Hohe Rat hier sein eigenes Urteil, Jesus sei ein Gotteslästerer, nicht verwenden, weil Pilatus ihren religiösen Auseinandersetzungen keinen Wert zuerkannte. Sie mußten daher den Prozeß auf politischer Ebene weiterführen, um eine Verurteilung nach römischem Recht zu erzwingen, welches u.a. besagte, daß Verbrechen gegen den Kaiser mit dem Tode zu bestrafen seien. Also wurde Jesus gegenüber Pilatus als Unruhestifter und Aufrührer hingestellt, der sich gegen den Kaiser auflehnte, obwohl ihnen genau bekannt war, daß gerade Jesus gelehrt hatte: »Gebet dem Kaiser, was des Kaisers ist, und Gott, was Gottes ist.« (Luk. 20,25)

Pilatus fand keine Schuld an Jesus, zumal er ihm geantwortet hatte: »Mein Reich ist nicht von dieser Welt.« (Joh. 18,36) Er hielt ihn für harmlos und versuchte mehrere Male, ihn freizubekommen. Doch da drohten die Führer der Juden: »Läßt du diesen los, so bist du des Kaisers Freund nicht; denn wer sich zum König macht, der ist wider den Kaiser.« (Joh. 19,12) Das gab den Ausschlag, denn die Freundschaft des Kaisers wollte Pilatus nicht verlieren. Damit setzte er seine ganze Berufslaufbahn aufs Spiel, denn »Freund des Kaisers« war ein Ehrentitel, und der Verlust zog ernste Folgen nach sich.
Pilatus gab den Drohungen nach, obwohl ihn seine Frau noch in letzter Minute gewarnt hatte: »Habe du nichts zu schaffen mit diesem Gerechten; ich habe heute viel erlitten im Traum seinetwegen.« (Matth. 27,19) So verurteilte er Jesus zum Tode am Kreuz und wusch sich seine Hände vor dem Volk, um darzutun, daß er Jesus nicht für schuldig hielt. Seinen Worten »Ich bin unschuldig an dem Blut dieses Gerechten« schrie die Menge mit ihren ver-

blendeten Führern entgegen: »Sein Blut komme über uns und über unsere Kinder«, eine furchtbare Selbstverfluchung, mit der sogar noch die kommenden Generationen verflucht wurden (Matth. 27, 24 und 25).

So wandelte sich das »Hosianna«, das die Volksmenge Jesus bei seinem Einzug in Jerusalem zujubelte, kurze Zeit später in Beschimpfungen, Verspottungen und schließlich in die Forderung: »Kreuzige ihn!« Wer von den Missetätern wird damals geahnt haben, daß vier Jahrzehnte später Jerusalem mit dem Tempel durch den römischen Feldherrn Titus restlos zerstört werden würde! Nach der Überlieferung sollen dabei Tausende von Juden gekreuzigt worden sein.

Als Jesus auf seinem letzten Gang nach Jerusalem die Stadt erblickte, sprach er nach dem Evangelium des Lukas von ihrer Zerstörung: »Und (deine Feinde) werden dich schleifen und keinen Stein auf dem anderen lassen, darum daß du nicht erkannt hast die Zeit, darin du heimgesucht bist« (Luk. 19,44), d.h. die Zeit, da Gottes Sohn in deinen Mauern weilte.

Jesus konnte damals seine Mission, die Wahrheit zu verkünden, nur in dem Volk der Juden erfüllen, weil es in seiner Mitte Menschen gab, die durch ihre Geistesreife den Halt boten, der für eine Verkörperung des göttlichen Wortes notwendig war. Aber in demselben Volk fand auch das Dunkel in den Reihen der religiösen und weltlichen Führer Menschen, die es zu seinem Vernichtungsplane brauchte und die dazu noch die Macht in ihren Händen hatten. Besonders verwerflich war es, daß sich auch Priester darunter befanden, die sich Diener Gottes nannten und dann seinen Sohn töten ließen.

Aber all das Tun der Hauptschuldigen erscheint sofort in einem anderen Licht, wenn der Tod Jesu nach der Auffassung vieler Menschen in Gottes Heils- oder Erlösungsplan vorgesehen gewesen wäre. Für die Schuldigen selbst ergibt dies allerdings eine sehr widerspruchsvolle Lage. Einerseits werden sie für den Mord an Jesus verantwortlich gemacht, andererseits drängt man sie bei der Annahme eines im Erlösungsplan vorgesehenen Todes in die Rolle von ausführenden Werkzeugen, die als Verräter, Richter und Vollstrecker des Todesurteiles mitzuwirken haben.

Wie ist es möglich, daß bei diesem Erlösungsplan Gott von den Menschen verlangt, seinen eigenen Sohn zu morden, womit er sein eigenes Gebot übertreten würde? Und wo bleibt hierbei der freie Wille des Menschen, der ihm mit in die Wiege seines Geistes gelegt worden ist?

Das alles wäre nur möglich, wenn der Erlösungsplan auf göttlichen Willkürakten aufgebaut wäre, was aber die Vollkommenheit Gottes niemals zuläßt. Daher kann dieser Plan mit seiner ganzen Unlogik nur von Menschen erdacht worden sein. Gott hat nicht seinen Sohn zur Erde gesandt, um ihn für fremde Sünden sterben zu lassen.

Wenn Gott das Gesetz vom Säen und Ernten von Anfang an in seine Schöpfung hineingewoben hat, dann ist es für alle Ewigkeit ein unabänderliches Gesetz, das durch nichts umgestoßen werden kann, auch nicht von einem Gottessohn. Darin liegt gerade die Größe und Vollkommenheit Gottes, daß auch für Gottesteile, die in die Schöpfung hinabsteigen, die Gesetze dieser Schöpfung gelten. Jesus bestätigte das selbst mit den Worten: »Ihr sollt nicht wähnen, daß ich gekommen bin, das Gesetz oder die Propheten aufzulösen; ich bin nicht gekommen aufzulösen, sondern zu erfüllen.« (Matth. 5,17)

Deshalb vermag Jesus nicht als Unschuldiger die Schuld anderer auf sich zu nehmen, weil er nicht die Saat dazu gelegt hat. Wenn die Propheten den Tod Jesu vorausgesehen haben und später auch Jesus selbst seinen eigenen Tod, dann hat das eine ganz andere Ursache als die angeblich im Erlösungsplan Gottes festgelegte Sühneopferung seines Sohnes.

Der wahre Grund dieser Voraussagen liegt in der Verderbtheit der Menschen, die zur Zeit der Voraussagen der Propheten in der Mehrzahl so tief gesunken waren, daß das Ende ihres einmal eingeschlagenen falschen Weges, sofern sie sich nicht wandeln würden, genau vorauszusehen war. Dazu gehörte auch das Wissen, daß jeder Wahrheitsbringer, der sich den Menschen auf diesem lichtfeindlichen Wege entgegenstellte, von diesen beseitigt werden würde, wenn sie nicht gewillt waren, seine Botschaft anzunehmen.

Deshalb kann das Opfer des Gottessohnes, der trotz der schon im Anfang erkennbaren größten Gefahren seine Mission auf sich nahm, in seiner ganzen Größe und Gnade kaum je geahnt werden. Denn ohne diese Mission wären auch die wenigen, die noch einen Funken Lichtsehnsucht in sich trugen, verloren gewesen.

Für Jesus selbst hatte der Tod am Kreuz nur den einen Sinn: die Bestätigung der Wahrheit des von ihm gebrachten Wortes, dessen Fortbestand und seine Verbreitung. Hätte er seinen Feinden gegenüber nachgegeben und seine Herkunft und Lehre widerrufen, wäre seine ganze Mission gescheitert.

Bei allen diesen Betrachtungen über die Hauptschuldigen dürfen wir eines nicht vergessen: Jesus kam um der Sünden der *Menschheit* willen. Es waren Sünden wider den Heiligen Geist, also gegen den Willen Gottes, der in den Schöpfungsgesetzen zum Ausdruck kommt. An den Sünden der Menschheit waren aber nicht allein die Juden beteiligt, sondern alle anderen Menschen auch, durch dauernde Verstöße gegen die göttlichen Gesetze, Gebote und Lehren im Laufe vieler Erdenleben.

Die Sünden oder besser gesagt die Sündengebilde, die Formen haben und ein gewisses Leben in sich tragen, waren damals schon so groß, daß sich davon eine riesige Stadt in den jenseitigen (feinstofflichen) Ebenen bilden konnte: Babylon, das Sündenbabel unter der Herrschaft Luzifers (Off. 17, 5; 18, 2). Aus ihr kommt das Dunkel, das die Erde umklammert hält. Dieses haßerfüllte Dunkel suchte die Mission Jesu gleich am Anfang unmöglich zu machen. Jedes noch so verwerfliche Mittel war dazu geeignet. Da es aber Jesus selbst nichts anhaben konnte, suchte und fand es bei den Menschen willige Helfer und Handlanger.

Es vollzog sich im Großen jenes häßliche Geschehen, das im Kleinen tagtäglich vorkommt. Nehmen wir an, Menschen empfinden aus irgendeiner Ursache Neid. Der Neid formt sich zu unsichtbaren, sehr wirksamen Gebilden, die sich nach dem Gesetz der Anziehung der gleichen Arten zu einer Zentrale zusammenschließen, mit der wiederum alle Neider durch Fäden in Verbindung stehen.

Begeht nun ein Angehöriger dieser »Neidgemeinschaft« irgendwann und irgendwo auf der Erde ein Verbrechen, so sind alle übrigen durch ihr neiderfülltes Wollen hieran beteiligt und mitverantwortlich, auch wenn das Tagbewußtsein nichts davon erfährt. Eine gemeinsame Schuld, die Kollektivschuld verbindet dann alle.

Die Wurzeln einer Kollektivschuld liegen also in dem gleichartigen Denken und Empfinden der Menschen. Irdisch wird meistens immer

nur jener zu fassen sein, der die Tat ausführte. Alle anderen »Mittäter« bleiben verborgen, weil niemand die jenseitigen Fäden zu verfolgen fähig ist, es sein denn, daß eine besondere hellseherische Begabung dafür vorhanden ist, die jedoch nur selten zu finden ist. Trotzdem müssen auch die Mittäter ihre Schuld in irgendeiner Weise nach den göttlichen Gesetzen, denen nichts entgeht, sühnen.
So ist auch das Schuldproblem von Golgatha zu betrachten. Es müssen dabei die irdischen Schranken überschritten werden, um den nötigen umfassenden Überblick zu gewinnen. Denn die Sünde macht nicht Halt vor nationalen Grenzen. Deshalb ist die Vorstellung einer Kollektivschuld der Juden allein nicht zu halten, eben weil die ganze Menschheit durch ihr gemeinsames sündhaftes Verhalten an dem Mord von Golgatha beteiligt ist.

Nun werden viele fragen: Kann ein Mensch, der heute lebt, an der vor zweitausend Jahren erfolgten Kreuzigung Jesu persönlich mitschuldig sein? Wenn seine Sünde erst jetzt entsteht, kann sie nicht zu der Sündenlast zu Jesu Zeiten beigetragen haben.

Diese Frage veranlaßt uns, einen weiteren Blick in das Schöpfungswirken zu tun und die Lösung bei den wiederholten Erdenleben zu suchen. Das Wissen hiervon vermittelt uns vor allem einen Einblick in die Zusammenhänge des großen Webens in der Schöpfung und läßt manche Lücke in unseren Fragen und Problemen schließen, die ohne dieses Wissen immer offenbleiben müßte.

Fast alle Großen vieler Völker glaubten und glauben noch heute an die Wiederverkörperung der Seele. Es ist nicht so, daß eine Seele bei der Zeugung oder Geburt immer wieder neu gebildet wird. Die Seele ist schon vor der Geburt vorhanden und wird in der Mitte der Schwangerschaft in den Erdenkörper inkarniert, den sie beim Erdentod wieder verläßt. Das Gesetz der Anziehung der Gleichart, das in den volkstümlichen Worten »Gleich und gleich gesellt sich gern« zum Ausdruck kommt, und in manchen Fällen auch das Gesetz der Wechselwirkung (Gesetz vom Säen und Ernten) sind bei einer Inkarnierung ausschlaggebend. So kommt jede Seele dorthin, wohin sie gehört, und niemand braucht zu befürchten, daß er sich in der Wahl seiner Eltern irren könnte. Er meint es oft nur, wenn z.B. die gleiche Art, die zur Anziehung beitrug, in üblen Eigenschaften mitbegründet ist. Dann bilden Fehler, Schwächen und Hänge beiderseits Reibungsflächen, oft bis zur Unerträglichkeit, aber sie geben gleichzeitig die Gelegenheit zum Erleben und Ablegen des falschen Tuns.

Das ist für die heutige Zeit besonders wichtig. Denn wir befinden uns in dem Endgeschehen, das einem Endgericht gleichkommt, in dem alle noch laufenden Schicksalsfäden aus früheren Erdenleben erlebt und gelöst werden müssen, durch innere Wandlung zum Guten

und Schönen, damit die Menschen von aller Last frei werden für den von Gott verheißenen neuen Aufbau auf der Erde in Frieden und Harmonie.
Deshalb häufen sich die Rückwirkungen und Auslösungen der Einzel- und Massenschicksale in unheimlicher Weise, da fast durchweg übles Wollen in Jahrtausenden gesät wurde, das nun die Früchte tragen muß.
In diese Endzeit fällt auch die Rückkehr des schweren Menschheitsschicksals von Golgatha. Das bedeutet, daß jene, die damals dabei waren, wieder auf der Erde sind, sei es als Juden oder sei es in Verkörperungen in anderen Völkern. Denn auch Wiederinkarnierungen machen vor Nationen und Völkern nicht halt. Hier gelten allein der geistige Reifezustand und die erworbenen Eigenschaften.
Aus diesem Grund brauchen Stigmata nicht bei den Juden in Erscheinung zu treten. Stigmata, also die Wundmale Christi, tragen Menschen in Auswirkung eines schweren persönlichen Vergehens gegen Jesus, als er auf der Erde weilte. Denken wir z.B. an den Schächer

am Kreuz, der Jesus verhöhnte. Es müssen selbstverständlich Stigmata sein, die von selbst auftreten und nicht durch religiöse Schwärmerei hervorgerufen werden.

Der Geist des Menschen ist also viel älter, als angenommen wird, viel älter als die vergangenen und der jetzige Erdenkörper. Wenn er auch in den meisten Fällen nichts davon weiß, so hat er doch die Erfahrungen und das Erleben der vielen Erdenleben in sich aufgenommen und macht unbewußt davon Gebrauch.

Eines aber sollte ihm das Wissen von den wiederholten Erdenleben im Hinblick auf das Schuldproblem von Golgatha bewußt vor Augen führen: wie klein und niedrig Judenhaß und Judenverfolgungen oder gar Vergeltungen sind! Wer von denen, welche dies tun, weiß denn, ob er nicht selbst damals als Jude eine Schuld auf sich geladen hat, sei es auch nur durch Gleichgültigkeit der Botschaft Jesu gegenüber.

Vor solchem falschen Tun wurden schon im Alten Testament die Menschen eindringlich mit den Worten Gottes gemahnt: »Die Rache ist mein; ich will vergelten.« (5. Mos. 32,35) Diese Worte, zusammen mit dem Ausspruch »Auge um Auge, Zahn um Zahn« (5. Mos. 19,21), geben Zeugnis von der unabänderlichen Gerechtigkeit Gottes, die sich in dem Gesetz vom Säen und Ernten äußert, in der Wirkung und Rückwirkung, oder wir können auch sagen: in dem Gesetz der Wechselwirkung, das die ganze Schöpfung durchzieht. Diesem Gesetz ist die geistige Saat der Menschen genauso unterworfen wie die Saat, die wir dem Acker anvertrauen.

Auge um Auge, Zahn um Zahn. Diese Ausdrücke in der alttestamentlichen Sprache zeigen uns, wie das Gesetz der Wechselwirkung arbeitet, das eng verbunden ist mit dem Gesetz der Anziehung der gleichen Arten. Aus dem Weizenkorn, das wir in die Erde legen, kann immer nur Weizen entstehen; aus dem Guten, das wir in die Welt setzen, nur Gutes, und das Üble, das wir erzeugen, kommt als Übel wiederum zu uns zurück, ein jedes in vielfacher Weise, so wie das Samenkorn vielfach Früchte trägt. Das ist also gemeint mit den Worten »Auge um Auge, Zahn um Zahn«: Gleiche Art bringt gleiche Art, die Freude die Freude und das Leid das Leid.

Niemals sollte damit verlangt werden, daß wir dem anderen ein Auge ausschlagen, wenn er dies bei uns getan hat. Um das zu verhindern, sind die Worte gegeben: »Die Rache ist mein« und »ich will vergelten«, d.h. die Rache, die Vergeltung, die Ernte muß der Mensch den Gesetzen Gottes, also Seinem Willen überlassen, die bis ins kleinste so für eine gerechte Ernte sorgen, genau der Saat entsprechend, wie es dem Menschen nie gelingen würde.

So sind auch die Worte des Paulus an die Römer zu verstehen: »Rächet euch selber nicht, meine Lieben, sondern gebet Raum dem Zorn (der Wechselwirkung) Gottes; denn es steht geschrieben: ›Die Rache ist mein; ich will vergelten, spricht der Herr.‹« (Röm. 12,19)

Diese biblischen Worte, die dem Volke Israel vor Jahrtausenden gegeben wurden und die bisher in ihrer tieferen Bedeutung kaum verstanden worden sind, sollen uns alle mahnen, nicht aus persönlicher Rachsucht Vergeltung zu üben, auch nicht, wenn es sich um jene Menschen handelt, deren Schicksal eng mit der dunklen Tat von Golgatha verbunden ist.

Die Messiasfrage

»Höre Israel, der Ewige, unser Gott, der Ewige ist einzig.« (5. Mos. 6,4) So lautet seit Jahrtausenden das jüdische Glaubensbekenntnis. Und in dem jüdischen Gebetsbuch heißt es: »Ich glaube mit voller Überzeugung, daß der Schöpfer – gelobt sei sein Name – einzig ist und keine Einheit der seinen in irgendeiner Beziehung gleicht und daß er allein unser Gott war, ist und sein wird.«[2]

Dieses »einzig« bedeutet für die Juden »allei-

[2] H. J. Schoeps, Religionen, Bertelsmann-Verlag.

nig«, »unvergleichlich« und läßt für sie keinen Gottessohn oder göttlichen Mittler zu. Aus diesem Grund wird auch Jesus als Gottessohn abgelehnt. Deshalb kann der auch heute noch von vielen Juden erwartete Messias kein Gottessohn sein, sondern höchstens ein von Geburt an Auserwählter, ein besonders von Gott beauftragter hoher Geist, der keinen Teil an der Göttlichkeit hat.

Es sollte aber bedacht werden, daß die Einzigkeit Gottes im Hinblick auf die damals herrschende Vielgötterei besonders betont wurde. Und dann darf nicht vergessen werden, daß hier nicht das irdische Verhältnis von Vater und Sohn, also von zwei ganz verschiedenen Personen zugrunde gelegt werden kann. Ein Gottessohn kann nur ein Stück von Gott sein, das Gott von sich abtrennt und in seine Schöpfung sendet, das aber stets eins mit Ihm ist und bleibt und nur im *Wirken* nach außen hin als zwei erscheint, wodurch die Einzigkeit Gottes nicht aufgehoben wird. Es ist so, wie es Jesus sagte: »Ich und der Vater sind eins.« (Joh. 10,30)

Deshalb sollten die von den Propheten Daniel und Jesaja gegebenen Hinweise auf einen zweiten Gottessohn, den Menschensohn, beachtet und geprüft werden, da hier die Lösung der Frage nach dem lang ersehnten Messias liegt.
Jesaja kündet von Gott: »Vor mir ist kein Gott gemacht, so wird auch nach mir keiner sein. Ich, ich bin der Herr, und ist außer mir kein Heiland.« (Jes. 43,10 und 11) Durch den gleichen Propheten läßt Gott aber auch Imanuel verkünden, der bei Daniel (7,13 und 14) noch mit dem Namen Menschensohn genannt wird: »Darum so wird euch der Herr selbst ein Zeichen geben: Siehe, eine Jungfrau ist schwanger und wird einen Sohn gebären, den wird sie heißen Imanuel.« (Jes. 7,14) Es wird auch die Zeit angegeben, in der Imanuel erscheint, eine Zeit, in der irdisch sichtbar wird, daß nichts mehr bestehen kann, was nicht im Gotteswillen beschlossen und getan wird, alles andere muß vergehen, »es wird nichts daraus«. Es ist die große Zeit der Ratlosigkeit, in der eine Konferenz die andere ablöst, in der

das Mißtrauen umhergeht, die Unruhe und das große Unbehagen, in der immer mehr trostlose Verworrenheit Platz greift. Diese Zeit wurde schon vor Jahrtausenden durch den Propheten Jesaja verkündet mit den Worten: »Beschließt einen Rat, und es werde nichts daraus; beredet euch, und es bestehe nicht; denn hier ist Imanuel.« (Jes. 8,10)

Die Bibelstellen wurden irrtümlich auf Jesus bezogen. So verwechselte z.B. der Evangelist Matthäus Imanuel mit Jesus (Matth. 1,22 und 23), der von Micha verheißen worden ist (Micha 5,1). Jesus hat sich nie Imanuel genannt und wurde auch von anderen nie so gerufen.

Die Erwartung eines Messias, die Errichtung eines messianischen Weltreiches, also eines irdischen Friedensreiches, wie die Propheten es verhießen, betrifft alle Menschen, denn vor Gott gilt nur der Geist des Menschen und nicht Rassen, Nationen und Religionen.

Letzten Endes muß über alle Glaubenssätze hinweg jeder Mensch in eigener Sache einen Gottessohn als solchen erkennen. Dazu braucht er allerdings eine wache geistige Empfindung, die ihm allein zur Erkenntnis verhelfen kann. Er muß sein wie die klugen Jungfrauen in dem Gleichnis, das Jesus mit den Worten schließt: »Darum wachet; denn ihr wisset weder Tag noch Stunde, in welcher des Menschen Sohn kommen wird.« (Matth. 25,13)

Das Kreuz der Wahrheit

Das Christentum hat als Grundlage das Judentum, das in der geistigen Entwicklungsgeschichte der Menschheit einen festen Platz einnimmt. Denken wir nur an die zehn Gebote, an die Bergpredigt, an das Vaterunser, alles göttliche Worte, die dem Volke Israel, den Juden, gegeben worden sind.

Auch diese haben wie alle Menschen denselben gemeinsamen geistigen Ursprung und denselben gemeinsamen Weg durch die stoffliche Schöpfung.

Denn alle Menschen kamen einmal als »Geistsamenkörner« aus der geistigen Heimat, dem Paradies, in die stoffliche, vergängliche Welt der Schöpfung, um von dort nach Vollendung der Entwicklung als vollbewußte Persönlichkeiten in die geistige Heimat zurückzukehren. Aber die meisten irrten vom Wege ab und fanden das Ziel nicht mehr. Deshalb neigte sich die unermeßliche Liebe Gottes zur Erde, um die fast verlorenen Menschen direkt anzusprechen und ihnen zu sagen, daß die Wahrheit nur aus Gott kommen kann.

Beherzigen wir daher die Worte, die Jesus zu den Menschen sprach: »Wer mir folgen will, der verleugne sich selbst und nehme sein Kreuz auf sich *täglich* und folge mir nach« (Luk. 9,23) oder » . . . folge mir nach und nimm das Kreuz auf dich.« (Mark. 10,21)

Mit dem Kreuz meinte Jesus das Zeichen göttlicher Wahrheit, das gleichschenklige Kreuz. Aus Funden und Ausgrabungen geht hervor, daß es sich um ein uraltes auf Erden bekanntes, vorchristliches Symbol handelt, das auch in vielen Kirchen zu sehen ist, teils mit einem Ring umgeben, teils ohne Ring. Es ist nicht zu verwechseln mit der Form des Leidenskreuzes von Golgatha.

Wer dieses Kreuz auf sich nimmt, der nimmt die *Wahrheit* auf, aber *keine Last,* wie es fälschlich gedeutet wird.

Jesus hat mit seinen Worten niemals die Menschen auffordern wollen, täglich eine Last auf sich zu nehmen. Im Gegenteil, er wollte ihnen das Leben leichter machen, indem er sie ermahnte, *täglich* der Wahrheit nachzuleben, sie in den Gesetzen der Schöpfung zu suchen und zu erkennen und diesen Gesetzen das Alltagsleben anzupassen.

Wer das tut, löst sich von aller Last und Schuld, auch von der Schuld von Golgatha, die nach den ewigen Gesetzen nun in dieser Zeit zurückkehrt, um gelöst zu werden. Für ihn wandelt sich das Leidenskreuz von Golgatha in das erlösende Kreuz der Wahrheit, das sieghaft alles Dunkel überwindet!

Geist« ist der Kern, das eigentliche Ich des Menschen – »Seele« ist der Geist mit seinen feinen Umhüllungen ohne den Erdenkörper. Alle diese verschiedenen Hüllen feinerer Art sind im Erdenkörper des Menschen vorhanden.

Zur Erdenhülle selbst gehört noch der Astralkörper als ein wichtiges Bindeglied zur Seele. Daß dieser Astralkörper tatsächlich besteht, zeigt sich sehr deutlich bei Menschen, die ein Körperglied verloren haben. Obwohl es nicht mehr vorhanden ist, verspüren sie doch oft noch lange hinterher Schmerzen an der Stelle, wo es sich befand. Die Medizin befaßt sich schon seit längerer Zeit mit diesen sogenannten Phantom-Schmerzen, ohne den wahren Grund dafür zu finden. Die Ursache liegt im Astralkörper, dessen Glieder nicht mit abgetrennt werden, weil sie von einer feineren irdischen Art sind als der grobe irdische Körper.

Deshalb beruhen die Schmerzen nicht auf Einbildung, sondern sie sind tatsächlich.
Wir müssen hierbei berücksichtigen, daß der Geist und alle seine Hüllen menschliche Gestalt haben. Der Erdenkörper hat sich ja erst nach dem geistigen Vorbild geformt. Die Menschenform ist eine Eigenart des Geistes. Wenn wir daher auf alten Bildern die Seele des Menschen in voller menschlicher Gestalt dargestellt sehen, so entspricht das der richtigen Form.
Stirbt nun der Mensch, so läßt er seine Erdenhülle mit dem Astralkörper zurück und kommt mit seinem feinstofflichen Körper, der jetzt seine äußere Hülle ist, in das Jenseits. Wenn in der Offenbarung des Johannes gesagt ist, daß die Menschengeister ihre Kleider hell gemacht haben, so sind damit keine irdischen Gewänder, sondern es sind die feinstofflichen Umhüllungen des Menschengeistes im Jenseits gemeint, die ein jeder leicht oder schwer, hell oder dunkel machen kann, je nach seinem guten oder seinem üblen Wollen.
Mit diesem feinstofflichen Körper besitzt der

Menschengeist die Fähigkeit, alles Dichtere und alles Gröbere zu durchdringen. Daher kommt es öfters vor, daß Verstorbene plötzlich in einem verschlossenen Raum erscheinen können. Es ist dies die Auswirkung einer in der ganzen Schöpfung bestehenden Gesetzmäßigkeit, wonach die feinere Art, in diesem Falle also die Seele, stets die gröbere Art, hier das Irdische, mühelos durchdringen kann, wie es zum Beispiel auch bei jeder Inkarnierung der Seele in den Erdenkörper der Fall ist.

Im Irdischen sind uns diese Vorgänge durchaus geläufig: Denken wir nur an die Radiowellen, die Mauern durchdringen, oder an den elektrischen Strom, der den Draht durchläuft. Für das Überirdische gilt ganz dieselbe Gesetzmäßigkeit, und wenn in der Bibel vom auferstandenen Gottessohn Jesus Christus berichtet wird: »... da die Jünger versammelt und die Türen verschlossen waren aus Furcht vor den Juden, kam Jesus und trat mitten ein ...« (Joh. 20,19), so hat auch dieser geschilderte Vorgang dieselbe natürliche Begründung.

Jesus vermochte nur mit seinem feinstofflichen Körper in das verschlossene Zimmer zu schreiten, nachdem er seinen am Kreuz zerstörten Erdenkörper verlassen mußte. Er konnte seinen Erdenkörper weder mitnehmen, auch nicht in »verklärtem« Zustand, noch war es ihm möglich, daß seine Seele sich nach dem Tode wieder mit der vergänglichen Erdenhülle vereinigte.

Obwohl der Kern von Jesu Körper göttlich und nicht geistig war, unterstand er doch durch seine Menschwerdung genauso den in der Schöpfung wirkenden Gesetzen wie der Menschengeist, was Jesus ausdrücklich betonte, wenn er darauf hinwies, daß er gekommen sei, Gottes Gesetze zu erfüllen. Das ganze Schöpfungsgeschehen vollzieht sich nach dem heiligen Willen Gottes in unabbiegbarer, strenger Ordnung und in eherner Vollkommenheit und läßt auch für einen Gottgesandten, wenn er das Gottesreich verlassen hat und in die Kreise der Schöpfung kommt, keine Ausnahmen oder Willkürakte zu.

Trotzdem aber ist Jesus in *voller Körperlichkeit* dem Grabe entstiegen: es war sein feinstofflicher Körper, während er seinen Erdenkörper, genau den Schöpfungsgesetzen entsprechend, zurücklassen mußte. Diesen feinstofflichen Körper Jesu konnten die Jünger und die anderen Begnadeten sehen – allerdings konnten sie ihn nur mit ihren feinstofflichen Augen erkennen. Es mußten ihnen deshalb erst, wie es in der Bibel ausdrücklich heißt, die Augen hierzu geöffnet werden; sie wurden also nach irdischen Begriffen hellsehend. Das alles sind schöpfungsgesetzmäßige Vorgänge, die sich genauso abgewickelt hätten, wenn der Erdenkörper Jesu im Grabe geblieben wäre.

Nun berichten aber alle vier Evangelisten übereinstimmend, daß der irdische Körper Christi aus dem Grabe verschwunden war, und bringen das mit der »Auferstehung« des Gottessohnes in Verbindung. Das leere Grab ist aber durchaus kein Beweis für die Auferstehung des Erdenkörpers Jesu Christi, weil nach den unumstößlichen Naturgesetzen ein Erdenkörper nicht von der Erde in eine höhere Schöpfungsebene aufsteigen kann. Er bleibt zurück, wenn der Mensch stirbt, und geht den

Weg alles Vergänglichen – auch bei einem Gottgesandten! Es bleibt daher für das leere Grab nur noch die Annahme übrig, daß die Erdenhülle Christi aus dem Grabe geholt wurde und daß sie an einem anderen Orte beigesetzt worden ist.

In diesem Falle allerdings müßten die überlieferten Berichte aus der damaligen Zeit, nach denen die Jünger von den jüdischen Behörden bezichtigt wurden, den Leichnam Jesu »gestohlen« zu haben, von einem anderen Standpunkt aus als bisher betrachtet und bewertet werden, jedoch mit der unbedingten Einschränkung, daß den Jüngern eine üble Absicht nicht unterschoben werden darf, wenn sie den Erdenkörper Jesu aus dem Grabe nahmen. Vermutlich werden es auch nur einige Jünger gewesen sein, die es ohne Wissen der anderen als Vorsichtsmaßnahme getan haben, um den Erdenkörper Christi vor fremden Zugriffen zu bewahren.

Das Geheimnis des leeren Grabes enthüllt sich in solcher Betrachtungsweise klar und offen vor unseren Augen, und das Geschehen der

Auferstehung Jesu Christi gibt gerade in seiner einfachen und natürlichen Größe ein eindringliches Zeugnis von dem unabänderlichen und vollkommenen Willen Gottes, welcher in den Gesetzen der gesamten Schöpfung fest verankert und ewig-lebendig wirksam ist!

Die Posaunen des Weltgerichtes

Viel, sehr viel haben die Menschen durch den Sündenfall, durch die Abkehr von Gott dazu beigetragen, *sich selbst* das seinem Höhepunkt zustrebende Weltgericht zu verschärfen.

Nicht umsonst wird heute von einem *Selbstmordprogramm* der Menschheit gesprochen und geschrieben, ein unheimliches, grauenvolles Programm, dessen hartnäckige Durchführung die Gefahr einer totalen Selbstvernichtung bedenklich nahe rückt. In diesem Programm spielt die Erde eine besondere Rolle. Ausgebeutet, verwüstet und beschmutzt durch frevelhaftes Tun und Denken zieht sie durch den Weltenraum; sie, die einst den Menschen als Lehen zur verantwortungsbewußten Benutzung und zum geistigen Reifen überlassen wurde, als Ausgangspunkt, von dem aus sie direkt wie auf einer Himmelsleiter in das Paradies hätten eingehen können.

In reichem Maße wurden den einzelnen Völkern Schätze und Früchte dieser Erde von den Kräften der Natur gespendet, damit sie einen natürlichen Gebrauch davon machten und sie als Schutz und Halt für ihr geistiges Vorwärtskommen beachteten.
Ihren Überfluß aber sollten und mußten sie weitergeben unter strenger Beachtung des Gesetzes vom Ausgleich zwischen Geben und Nehmen.
Doch gewissenlos werden die Gaben der Natur, die durch anregenden und belebenden Tausch zum Frieden und zum harmonischen Wirken beitragen sollten, sehr oft zum Schaden, zur Unterdrückung und zur Vernichtung der Mitmenschen mißbraucht.
Das große, umfassende Gesetz der Schöpfung, im Geben wie im Nehmen in jeglicher Beziehung und auf allen Gebieten des Lebens stets einen gerechten Ausgleich einzuhalten, wurde schon seit langem einfach nicht mehr beachtet.
Ist es da nicht eine unausbleibliche Folge, daß die Welt durch die Schuld der Menschen aus

den Fugen gerät, aus dem Gleichgewicht stürzt, das nun im Weltgericht durch den Willen Gottes gewaltsam wiederhergestellt werden muß?

Um dieses einmalige Weltgericht zu erkennen, gibt es viele Zeichen für die Menschen der Erde.

Sie grübeln zwar darüber nach, doch legen sie an alle Ereignisse nur den Maßstab ihres Verstandes und nicht den ihrer Empfindung. Allerdings messen sie dabei sich selbst nie! Jetzt müssen sie erleben, daß die schärfste Klugheit ihres Verstandes die Leere ihrer Seelen nicht ersetzen kann und daß das Streben nach irdischen Dingen allein nicht als das höchste Ziel betrachtet werden darf.

Es liegt darin für den Menschen keine Fortentwickelung, weil der Geist in ihm nach Höherem drängt. Er muß die in ihm schlummernden edlen Fähigkeiten *wecken,* damit er bewußt seine Aufgabe in der Schöpfung zu erfüllen vermag: Bindeglied zu sein zwischen der Welt der Stofflichkeit und seiner Heimat, dem geistigen Reich, indem er schon hier unten und später von oben her fördernd, aufbauend und veredelnd auf diese Welt einwirkt. Darin besteht *der Sinn des Lebens*, der auch für das zukünftige Friedensreich maßgebend ist.

Ein Friedensreich, das vom göttlichen Willen gegründet wird, verlangt Menschen, die den Sinn des Lebens erkannt haben. Nur sie vermögen den wahren Frieden in sich zu tragen und zu verbreiten. Wo aber sind heute solche Menschen zu finden und was muß alles noch an Leid geschehen, bis sie für das neue Friedensreich, das nach dem Weltgericht auf Erden errichtet werden soll, reif sind!

Noch trägt die Erde schwer an der niederdrükkenden Last, die ihr die Menschheit in Jahrtausenden durch ihr übles Tun und Wollen aufgezwungen hat.

Wie winzig klein ist doch diese Erde in den ungeheuren Weiten des Weltalls und wie groß die Gnade Gottes, die ihr in dieser Wende zuteil wird! Ist sie doch ausersehen, Verankerungspunkt der Strahlungen des Lichtes zu sein.

Bald glüht auch für sie in der Endzeit des Weltgerichtes das Morgenrot einer Zukunft in Reinheit und Schönheit mit einer Menschheit, die demütig und dankbar den Willen ihres Herrn und Gottes erkannt hat und danach lebt.

Vorher aber muß die Menschheit die reinigenden Wogen des Weltgerichtes über sich ergehen lassen, um darin ihre Seelen reinzuwaschen und in sich neu zu werden.

Viele wissen zwar von dem Kommen dieses Weltgerichtes, aber sie warten noch auf die *Posaunenstöße,* die es verkünden sollen.

Die also warten, mögen doch einmal die Nachrichten aus den Ländern der Erde aufmerksam verfolgen. Jeder Tag berichtet von politischen Wirren, Wirtschaftsnöten, Hungersnot, von Greuel und grauenvollem Unglück; Seuchen und Dürre plagen die Menschheit, die Erde bebt und zerstört in Sekunden ganze Städte, verderbenbringende Stürme rasen dahin, Vulkane speien vernichtendes Feuer, Flüsse treten über die Ufer und reißen Haus, Vieh und Menschen hinweg.

Sind das keine Posaunenstöße zum Gericht, wenn sich heute hier und morgen dort die Wogen des Schreckens und Grauens über die Menschheit wälzen, um sie noch im letzten Augenblick wachzurütteln? Unheimlich und neu ist dabei die nie erlebte Fülle der Geschehen, die Schnelligkeit, mit der sie aufeinander folgen.

Aber wer läßt sich schon davon berühren, wenn er nicht unmittelbar persönlich davon betroffen ist?

Und doch könnte er sich unter Umständen gerade als »Unbeteiligter« seine Schicksalslast um vieles mildern, die auch ihn in dem Weltgericht eines Tages treffen wird.

Verschließt er sich nämlich nicht fremder Not und fremdem Leid und bemüht sich, es mitzuerleben und nachzuempfinden, dann erblüht etwas in ihm, das ihn wie ein Schutzmantel umgeben wird: die *Barmherzigkeit,* die selbstlos allen Menschen helfen will, die noch einen Funken Lichtsehnsucht in sich tragen!

Er wird inmitten aller Wirren dann die Hilfe Gottes in dem Maße erhalten, wie er sich dem

Lichte öffnet, und vielen wunden Seelen vermag er damit Trost und Zuversicht zu spenden!

»Siehe, das ist Gottes Lamm, welches der Welt Sünde trägt« (Joh. 1,29)

Um diese Worte richtig zu verstehen, müssen wir uns zunächst mit dem *Begriff der Sünde* befassen. Ihre Ursache liegt im Mißbrauch des Fleisches. Wie Paulus im Römerbrief sagt, gibt es eine »fleischliche Gesinnung«, die den Menschen unter die Sünde verkauft (Röm. 7, 14 u. 18). Aber wo ist die Stelle im Fleische, die den Menschen zum Sklaven der Sünde macht? Es ist das Gehirn, und zwar das Großhirn, das die Gedanken und den Verstand hervorbringt und das wie alles Fleisch vergänglich ist.

Dieses *Verstandeshirn* wird als Werkzeug im Irdischen unbedingt gebraucht. Der Mensch machte nur den Fehler, daß er es aus Eitelkeit und Besserwissenwollen zu groß zog und es schließlich zur Herrschaft über seinen Geist kommen ließ, ihm also einen Platz einräumte, der nach der Schöpfungsordnung dem Geist zukommt, der sich in der Empfindung äußert.

Darin liegen der Sündenfall begründet und die Erbsünde. Jedoch ist die Erbsünde nicht gleichbedeutend mit einem unaufhebbaren Zwang, sündigen zu müssen! Vererbt wird immer nur die körperliche Veranlagung, die in dem durch einseitigen Gebrauch überzüchteten Verstandeshirn begründet ist. Die Veranlagung ist also nicht zwingend, aber sie birgt eine Gefahr in sich, die der Mensch dadurch abwenden kann, daß er seine Empfindung wach hält. Geistiges kann nicht vererbt werden.

Allein durch den hochgezüchteten Verstand, der durch seine Herkunft nur das Vergängliche verstehen kann, ist Luzifer, der Antichrist, in der Lage, sein lichtfeindliches Tun in der Welt auszuführen. Sobald der Mensch nicht auf seinen Geist hört, auf seine innere Stimme, und dem Verstand den Vorzug gibt, ist auch schon die Gefahr zum Sündigen gegeben, das darin besteht, daß der Mensch die durch die Schöpfung strömende geistige Kraft falsch verwendet.

Seit Gott »am Anfang« die Schöpfung schuf,

strömt diese Kraft wie der Pulsschlag des Herzens durch alle Schöpfungsteile und erhält und erneuert sie. Diese reine schöpferische Kraft ist der »Strom des lebendigen Wassers«, der von dem Throne Gottes ausgeht (Off. 22,1). Doch diese Kraft ist nicht Gott selbst, sondern seine Ausstrahlung.

Die Jünger Christi wurden damals, als sie im Gedenken an Jesus versammelt waren, von dieser Kraft überwältigt. Es war gerade der Zeitpunkt, als die Kraft – wie jedes Jahr aufs neue – in die Schöpfung ausgegossen wurde.

Alle Menschengeister stehen in diesem geistigen Strom und leben von ihm. Selten nur werden sie sich dessen bewußt; meistens dann, wenn einmal tiefes Leid oder reine Freude ihre Seele erschüttert. Aus ihm nehmen sie die Kraft zum Formen ihrer guten und bösen Werke. Denn der Mensch hat die Fähigkeit, diese Kraft nach freier Wahl zu benützen und zu lenken, genauso wie er die Kraft einer Maschine für die Zerstörung oder für den Aufbau zu verwenden vermag.

Die Werke sind die guten und üblen Empfindungen, Gedanken und Taten. Sie sind gemeint, wenn es in der Offenbarung heißt, »ihre Werke folgen ihnen nach« (Off. 14,13). Bei ihrem Erdentod folgen sie der Menschenseele ins Jenseits.

Natürlich stellen die Werke etwas dar. Sie haben unsichtbare Formen mit einem unsichtbaren Inhalt von feinerer Art als das grobe Irdische. Wenn sie nichts wären, könnten sie nicht wirken, nicht nachfolgen.

In der Verwendung der die Schöpfung dauernd durchströmenden schöpferischen Kraft liegt auch die Lösung der so oft gestellten Frage: »Wie konnte Gott das Böse hervorbringen, das seinem Wesen so widerspricht?« oder »Ist das Böse durch den Schöpfungsakt mit in die Schöpfung gekommen?« Die Auffassung, die in diesen Fragen zum Ausdruck kommt, ist falsch. *Nicht Gott bringt das Böse, das Üble hervor, sondern der Mensch, indem er die reine, neutrale Schöpfungskraft nimmt und damit Übles bildet.* Insofern sind auch die biblischen Worte »Ich bin der Herr ... und schaffe das Übel« nicht richtig überliefert worden (Jes. 45, 6 und 7).

Es ist nicht schwer zu verstehen, daß diese Gebilde schmutzig und häßlich sind. Stellen sie doch in Wirklichkeit die Sünde und die Schuld der Menschen dar. Aus ihnen bilden sich nach und nach durch Zusammenschluß gleicher Arten wie Neid, Haß, Habsucht, Heuchelei, Genußsucht usw. Zentralen, die wiederum jene Menschen unheilvoll beeinflussen, welche die gleiche Art haben. Selbst die Hölle ist ein Produkt aus den üblen Werken der Menschen, in jahrtausendelanger »Arbeit« entstanden. Genauso gibt es natürlich auch Ansammlungen guter Gebilde, die Freude, Frieden und Harmonie verbreiten.
So verschmutzt der Mensch nicht nur mit seinen irdischen Abfällen die Erde, das Wasser und die Luft. Viel schlimmer noch sind die »seelischen Abfälle« in Form seiner unreinen Gedanken, die seine feinstoffliche Umgebung in einen widerlichen Sumpf verwandelt haben, aus dem er mit eigener Kraft nicht mehr herausfindet. Den sichtbaren Niederschlag dieser seelischen Abfälle finden wir überall in Wort, Schrift und Bild.

Können wir uns vorstellen, daß wir Christus, der doch die göttliche Reinheit selbst ist, mit unseren schmutzigen Sündengebilden in Berührung bringen, indem wir sagen: »Werfet auf ihn alle Schuld!«? Denn die Sündenschuld ist ja Wirklichkeit und hat Formen. Daß wir sie normalerweise nicht sehen können, spielt dabei keine Rolle.

Nach der herrschenden Anschauung soll Christus durch seinen angeblichen Opfertod diese Sündenlast stellvertretend für die Menschen auf sich genommen haben, um dadurch eine Versöhnung zwischen Gott und den Menschen herbeizuführen.

Es ist auffallend, daß in der Offenbarung des Johannes, die doch erst *nach* dem Tode Christi entstanden ist und verkündet wurde und in der alle wichtigen geistigen Geschehen enthalten sind, diese Sündenübernahme mit keinem Wort erwähnt wird. Im Gegenteil, es heißt dort deutlich, daß die *Menschen* ihre Kleider rein gewaschen haben und nicht Christus, d.h. daß die Menschen ihre Sünden selbst abwaschen mußten mit Hilfe des *Wortes,* dessen

Wahrheit Christus mit seinem Blut besiegelte (Off. 7,14).
Es wird in der Offenbarung auch mehrmals anklagend über das Lamm Gottes gesprochen, das »erwürget« wurde. Und schon allein dem angekündigten Strafgericht mit dem Ausgießen der Schalen des Zornes Gottes ist alles andere zu entnehmen als eine Versöhnung zwischen Gottheit und Menschheit.
Wenn aber Christus die sündigen Werke der Menschen auf sich genommen oder weggetragen hätte, welche Werke sind dann in dem Strafgericht gemeint, das Christus selbst verkündigte? »Denn es wird geschehen, daß des Menschen Sohn komme in der Herrlichkeit seines Vaters mit seinen Engeln; und alsdann wird er einem jeglichen vergelten nach seinen Werken« (Matth. 16,27), und in der Offenbarung des Johannes verhieß der Menschensohn: »Siehe, ich komme bald, und mein Lohn mit mir, zu geben einem jeglichen, wie seine Werke sein werden.« (Off. 22,12)
Mit diesem »jeglichen« ist *jeder* Mensch gemeint, ob Christ oder Nichtchrist. Konfessio-

nen spielen bei diesem geistigen Geschehen keine Rolle. Hier gilt nur der Menschengeist, wie er zur Zeit des Gerichtes ist, d.h. er muß im Gericht das ernten, was er im Laufe seiner wiederholten Erdenleben gesät hat, Gutes und Schlechtes (Gal. 6,7). Das Ernten und Säen gilt natürlich für die Saaten der menschlichen Werke, d.h. für sein Denken und Tun genauso wie für die Saaten der Natur. Das ist eine Tatsache, die wohl die wenigsten sich klar machen. Und diese wiederholten Erdenleben, an die viele unter den Besten fast aller Völker glaubten und heute noch glauben, geben dem Menschen Gelegenheit, Verfehlungen und Sünden vergangener Leben in dem neu geschenkten Erdenleben wiedergutzumachen. Was hätte diese Wiedergutmachung in den verschiedenen Erdenleben für einen Zweck, wenn Christus die Sünden der Menschen übernommen haben würde?

Deshalb kann *Christus* nicht das ernten, was die *Menschen* säen. Sollte das möglich sein, müßte Gott seine Gesetze ändern. Das läßt aber seine Vollkommenheit nicht zu. Nicht einmal die irdische Gerichtsbarkeit erlaubt, daß ein Mensch die Schuld eines anderen auf sich nimmt.

Gewiß trägt Christus der Welt Sünden (Joh. 1,29). Aber er trägt sie in seinen Wundmalen an sich als sichtbares Zeichen der von den Menschen an ihm begangenen Sünden, *aber nicht im Sinne einer Übernahme der Sünden.*

In vielen Bibeln ist die richtige Übersetzung Martin Luthers »Siehe das Lamm Gottes, welches der Welt Sünde trägt« geändert worden in »Siehe das Lamm Gottes, das der Welt Sünde *wegträgt, hinwegnimmt* oder auf sich nimmt.« Das entspricht jedoch nicht dem tatsächlichen Geschehen.

Denn es kommt noch etwas hinzu, das das Wegnehmen der Sünde unmöglich macht. Die Werke der Sünde sind mit dem Erzeuger fest verbunden. Nur *dieser selbst* kann sich davon lösen, indem er sich innerlich zum Guten wendet und seine Fehler erkennt. Dann werden diese Schicksalsfäden allmählich vertrocknen und abfallen. Der Mensch ist erlöst von seiner Sünde, seine Sünden sind ihm vergeben.

Aber diese Vergebung und Erlösung von seinen Missetaten, Fehlern und Schwächen findet er nicht in der Übernahme der Sünden durch Christus, sondern in der Erfüllung der Gesetze Gottes. Christus zeigt den Weg dazu in seinem Wort. Er war nicht gekommen, um sich von den Menschen töten zu lassen und damit von ihnen gleichsam zu verlangen, gegen das Gebot seines Vaters zu verstoßen: »Du sollst nicht töten!«

Daß dieser Tod nicht im Willen seines Vaters lag, geht eindeutig aus dem von Christus gegebenen *Gleichnis von den bösen Weingärtnern* hervor (Matth. 21,33–39). Nachdem die Knechte (Lehrer, Propheten), die der Hausvater (Gott) den Weingärtnern (Menschen) zur Hilfe sandte, von diesen feindlich empfangen und sogar getötet worden waren, sandte Gott seinen Sohn zu den Menschen, in der Annahme, daß sie sich vor ihm scheuen würden (Matth. 21,37). Aber sie töteten auch ihn.

In diesem Gleichnis, das in geistig zu verstehenden Bildern zeigt, wie sich die Menschen der Liebe Gottes feindlich gegenüberstellen, schilderte Jesus vorausahnend seinen eigenen gewaltsamen Tod. Aber er bringt in dem Gleichnis auch zum Ausdruck, daß sein Tod von seinem Vater *nicht gewollt* war, sonst hätte Gott nicht gesagt, daß sich die Menschen vor seinem Sohn scheuen würden. Darin liegt doch der Sinn, daß sie es nicht wagen würden, ihm ein Leid anzutun! Sie taten es dennoch. Und die Fürbitte Jesu am Kreuze »Vater, vergib ihnen, denn sie wissen nicht, was sie tun« zeigte eindringlich genug, daß das Tun der Menschen falsch war.

So fügten sie zu ihren schon vorhandenen Sünden eine neue schwere Sündenlast hinzu, die es nun in dem von Christus verkündeten Endgericht zu sühnen gilt (Matth. 16,27), damit sich die Wunden endlich schließen können, die das Lamm Gottes als sichtbares Zeichen der Sünde der gesamten Menschheit an sich trägt!

»Dies Geschlecht wird nicht untergehen . . .«

Wie sind die Bibelworte »Dies Geschlecht wird nicht untergehen, bis daß dies alles geschehe« (Matth. 24,34) zu verstehen?

Diese Worte sprach Jesus am Schluß seiner großen Zukunftsrede über das Endgericht. Sie wurden von den damals lebenden Menschen vielfach so aufgefaßt, daß noch ihre Generation das Ende erleben werde. Man glaubte, Jesus hätte sich die Verwirklichung dieser Endzeit und das Kommen des Gottesreiches nicht in weiter Ferne, sondern in unmittelbarer Nähe gedacht.

Dies würde allerdings mit den folgenden Worten nicht übereinstimmen: »Den Tag aber und die Stunde weiß niemand, auch die Engel nicht im Himmel, auch nicht der Sohn, sondern allein der Vater.« (Matth. 24,36) Darnach ist die Auswirkung des Endgerichtes im Zusammenhang mit anderen ähnlichen Äuße-

rungen eher in einer damals noch fernen Zukunft anzunehmen.
Heute wird diese Bibelstelle auch so gedeutet, daß das Geschlecht der Juden tatsächlich noch erhalten geblieben, also nicht vergangen ist.
Doch Jesus legte einen tieferen Sinn in seine Worte. Er wollte damit ausdrücken, daß alle zu seinen Lebzeiten im jüdischen Volk inkarnierten Menschenseelen, die seine Lehre nicht angenommen hatten oder ihn sogar lästerten, verspotteten und persönlich anfeindeten, heute zur Zeit des Endgerichtes wieder auf der Erde inkarniert sein würden, um sich endgültig für oder gegen die Gottesbotschaft entscheiden zu *müssen.*
Dabei ist es aber nicht erforderlich, daß nun alle damaligen Juden in dem heutigen jüdischen Volk inkarniert sind. Das hängt mit der geistigen Entwicklung zusammen, für die irdisch-religiöse Grenzen bei Wiederinkarnierung durchweg nicht maßgebend sind. Ein Beispiel für eine solche Wiederinkarnierung ist Therese von Konnersreuth, die einst Jesus am Kreuz lästerte und bei ihren Wiederinkar-

nierungen seine Wundmale als Stigmata tragen muß, bis sie ihre damals begangene schwere Schuld erkennt.
So hat Jesus mit seinen obigen Worten indirekt auf die Tatsache der Wiederinkarnierung hingewiesen.

Endzeit

In seiner Weissagung, die uns in der Bibel überliefert worden ist, sprach Jesus von der Endzeit und dem jüngsten Gericht (Matth. 24, Mark. 13, Luk. 21).

Endzeit bedeutet aber nicht das Ende der Welt, wie oft angenommen wird, sondern das Ende eines großen Zeitabschnittes. Danach beginnt die neue Zeit, in der das Reich Gottes auf Erden errichtet werden soll: das Tausendjährige Friedensreich.

Den Übergang von der alten zur neuen Zeit bildet die Weltenwende, verbunden mit dem Weltgericht, auch jüngstes oder letztes Gericht genannt.

Ohne das Weltgericht kann die neue Zeit nicht beginnen, weil vorher eine gründliche Reinigung von allem Übel vorgenommen werden muß, damit der Grund für das neue Reich rein und lauter sei.

Für die Menschheit bedeutet das Weltgericht

die Zeit der großen Ernte, die ihr die Früchte bringt, welche sie im Laufe der Jahrtausende durch ihr Wollen großgezogen hat. Daß dabei die schlechten Früchte bei weitem überwiegen, bezeugt die feindliche Einstellung der meisten Menschen gegen Gott und seine Gesetze, oft in einer Schärfe, die nicht mehr übertroffen werden kann.

Der Grund dazu liegt in dem Geschehen, das bisher als »Sündenfall« bezeichnet und unbegriffen hingenommen wurde. Der Sündenfall hatte einschneidende Veränderungen in der Entwicklung der gesamten Menschheit zur Folge. Sein wahrer Vorgang ist bis jetzt ein Geheimnis geblieben, und ohne seine Kenntnis kann das Weltgericht nicht verstanden werden.

Deshalb lohnt es sich, den Sündenfall eingehender zu betrachten und auch die biblische Aussage dabei zu berücksichtigen.

Die Menschen, die in den Kindheitstagen der Menschheit auf der Erde lebten, waren noch einfach und natürlich in ihrem Wesen. Sie beugten sich willig den Naturgesetzen und

nahmen dankbar jede Hilfe an, die ihnen aus den lichten Regionen geboten wurde.
Immer mehr erwachte der Geist in ihnen und mit seinem Erwachen wuchs auch die Sehnsucht nach dem Licht.
Schönheit und Weisheit erblühten. Die Erde war ein großer, blühender und fruchtbarer Garten geworden, gleich einem Abbild der Gärten des himmlischen Paradieses. Aber dann begannen sich allmählich Schatten um Schatten auf die Pracht dieses irdischen Paradieses zu senken und die Erde zu verdunkeln.
Luzifer, der Erzengel aus dem göttlichen Reiche, der in die Schöpfung gesandt wurde, um den Menschen die Erleuchtung des irdischen Verstandes zu bringen, führte aus Eigenwollen anstelle des Prinzips der helfenden und stützenden Liebe das Prinzip der Versuchungen ein. Statt den rechten Gebrauch des auf Erden als Werkzeug notwendigen Verstandes zu lehren, verlockte er die Menschen dazu, den Verstand einseitig hochzuzüchten und dadurch über den Geist zu stellen. Und die Menschen unterlagen der Versuchung.

Damit begann der Sündenfall. Es war der entscheidende Augenblick, in dem sich der Mensch auf sich selbst besann, als er sich seiner Eigenpersönlichkeit bewußt zu werden begann, aber nicht mit der Demut und Bescheidenheit des Geistes, sondern mit der berechnenden, überheblichen Klugheit des Erdverstandes. *Dieser* wurde nun zum Maß aller Dinge gemacht.
Niemals konnte Luzifer den Menschen dazu zwingen, dies zu tun, weil auch er den in der geistigen Art verankerten freien Willen der Menschen beachten mußte. Sie hatten die freie Wahl, die Versuchung mit Gottes Hilfe abzuwenden oder ihr zu unterliegen.
Durch das Versagen der Menschen lockerten sich die Verbindungen zu den lichten Höhen. Tiefe Trauer über die zunehmende Verdunkelung des menschlichen Geistes erfüllte die vielen Helfer im Jenseits, die stets um das Aufwärtsstreben ihrer Schützlinge auf Erden bemüht sind: Der Mensch verschloß sich dadurch seine wahre Heimat, das himmlische Paradies selbst, aus dem er einst als unbewuß-

tes Samenkorn ausgezogen war. Je weiter er sich von Gott entfernte, desto krampfhafter suchte er anstelle seines Geistes das vergängliche Gehirn als Erzeuger von Gedanken und Verstand zur Geltung zu bringen. Die geistige Empfindung wurde ersetzt durch die Phantasie, die wiederum durch den Verstand hervorgerufen wird in Verbindung mit dem körperlichen Gefühl. Der Schönheitssinn mußte der Prunksucht und Eitelkeit weichen.

Zuletzt wurden die Menschen Sklaven ihres Werkzeuges, des verbogenen Verstandes. Übervorteilung und Täuschung, Knechtschaft und Gewalt, Sinnlichkeit und Lüsternheit, Unzufriedenheit, Neid, Haß und Mord sind einige der schlimmen Folgen.

Über allem aber steht die Lockung des großen Versuchers: *»Und ihr werdet sein wie Gott!«* (1. Mos. 3,5). Das heißt, die Menschengeister, die als äußerster Niederschlag der geistigen Art am weitesten vom göttlichen Reich entfernt sind, schreckten auch vor dem letzten nicht zurück: »zu sein wie Gott«, sich in ihrer maßlosen Selbstüberhebung und dünkelhaf-

ten Selbstherrlichkeit *für göttlich zu halten* oder es letzten Endes doch werden zu können.
Der Sündenfall ist in der Bibel eindringlich geschildert. Lesen wir auszugsweise einige Verse darüber: »Und Gott, der Herr, gebot dem Menschen und sprach: Du darfst essen von allen Bäumen im Garten, aber von dem Baum der Erkenntnis des Guten und des Bösen sollst du nicht essen; denn an dem Tage, da du von ihm issest, mußt du des Todes sterben.« (1. Mos. 2,16 ff.) »Da sprach die Schlange zum Weibe: Ihr werdet keineswegs des Todes sterben, sondern Gott weiß: an dem Tage, da ihr davon esset, werden eure Augen aufgetan und ihr werdet sein wie Gott und wissen, was gut und böse ist. Und das Weib sah, daß von dem Baum gut zu essen wäre und daß er eine Lust für die Augen wäre und verlockend, weil er klug machte. Und sie nahm von der Frucht und aß und gab ihrem Mann, der bei ihr war, auch davon, und er aß.« (1. Mos. 3,4–6)
Mit einfachen und treffenden Worten wird das für die gesamte Menschheit so einschneidende Geschehen des ersten Sündenfalles in

der Bibel dargestellt. Bringen wir diese Schilderung mit dem heutigen Auffassungsvermögen in Einklang, so dürfen wir nicht vergessen, daß es sich dabei um die bildliche Wiedergabe eines *geistigen* Vorganges handelt. Auch ging die Versuchung nicht im himmlischen Paradies vor sich, sondern auf Erden, wo die Menschen bereits eine Zeitlang lebten.

Es sollte mit den biblischen Worten des Apfelreichens und -nehmens gesagt werden, daß sich das Weib dem Manne gegenüber seiner Reize bewußt wurde und sie auch benutzte. Dieser ging darauf ein und suchte seinerseits die Aufmerksamkeit des Weibes durch Ansammeln von Schätzen auf sich zu lenken.

Zum ersten Male tat damit der Mensch mit seinem erwachenden Verstand bewußt und mit Absicht etwas Falsches: Er widersetzte sich den Gottesgesetzen. Das war um so schlimmer, weil er es freiwillig tat. Stand es ihm doch schon damals frei, am Beginn seiner Entwicklung zum Sichselbstbewußtsein nur den Willen Gottes zu befolgen, *ohne das Böse überhaupt kennen und erfahren zu müssen.*

Er ließ sich aber von der Schlange, mit der die Verstandesklugheit gemeint ist, in einem solchen Maße in die Irre führen, daß eine Todesdrohung gegen ihn ausgesprochen werden mußte. Der in dem Gleichnis angedrohte Tod bezieht sich jedoch nicht auf den irdischen, sondern auf den geistigen, ewigen Tod, das Auslöschen der sich selbst bewußt gewordenen Persönlichkeit. Er tritt dann ein, wenn der Mensch als unbrauchbarer Stein in der Schöpfung verworfen werden muß.
Luzifer verlockte die Menschen zum einseitigen Großziehen des Verstandes und weckte dadurch die Erkenntnis ihrer Eitelkeit und das Verlangen, mehr davon zu genießen. Die Menschen konnten der Versuchung, von der Frucht des »Baumes der Erkenntnis« zu essen, nicht widerstehen.
Mit dem langsamen Sichselbstbewußtwerden lernten sie den Begriff von Gut und Böse kennen, benutzten aber die Fähigkeit des freien Entschlusses dazu, sich dem Bösen zuzuwenden und genossen aus Eitelkeit und Selbstüberhebung die falsche Erkenntnis.

Seit Jahrtausenden nun stellt sich die Menschheit aus freiem Wollen unter die Herrschaft des Verstandes als Folge des Sündenfalles und der Erbsünde. Aber nicht die Sünden als solche werden vererbt, sondern, da es nur eine körperliche Vererbung gibt, wird allein die körperliche Ursache der Erbsünde vererbt: das zu groß gezogene vordere Gehirn (Verstandeshirn), das immer wieder die Gefahr in sich birgt, durch seine übertriebene, unnatürliche Benützung den Geist zu unterdrücken.
Das bewirkte mit der Zeit eine *krankhafte Überreife des Verstandes* und eine *Unreife des Geistes*. In der verhängnisvollsten Weise zeigen sich die Folgen des Naschens vom Baum der Erkenntnis. Eine schwere, sehr oft tödliche Sucht wurde daraus, die sich auf alles Übel bezieht, das überhaupt von Menschen geformt werden kann.
Jesus kannte die wahre Ursache des Sündenfalles und die ganze Schwere der Folgen; er wußte, daß die Menschen auch in Zukunft ihren falschen Standpunkt kaum ändern würden. Aus diesem Wissen sprach er über die

letzte Zeit und die Auswirkungen des Jüngsten Gerichtes.

Heute stehen wir mitten in dem von Jesus verkündeten Gericht, und alle Zeichen, deren Häufung nicht mehr zu übersehen ist, weisen darauf hin, daß es seinem Höhepunkte zustrebt.

Auf eines dieser zeitgemäßen Zeichen sei hier aufmerksam gemacht: die allgemeine *Ratlosigkeit,* die sich auf allen Gebieten immer weiter ausbreitet. Als Jesaja das Gottesgericht prophezeite, erwähnte er sie als ein Merkmal der Endzeit: »Beschließet einen Rat, und es werde nichts daraus; beredet euch, und es bestehe nicht; denn hier ist Imanuel.« (Jes. 8,10)

Imanuel ist der Wille Gottes! Und alles, was die Menschen in der jetzigen Zeit des Gerichtes und auch später denken und tun, wird nicht mehr und besteht nicht mehr, *wenn sie es nicht dem Willen Gottes anpassen,* der in seinen Schöpfungsgesetzen zum Ausdruck kommt.

Ein anderes für die Gegenwart bedeutsames Zeichen, das bis jetzt kaum ein Mensch für ein Zeichen des Weltgerichtes gehalten haben dürfte, ist das *Mißtrauen!* Tief ist es in den Seelen der Menschen verwurzelt und als selbsterzeugte Plage überzieht es die ganze Erde. Die Menschen quälen sich damit in der ärgsten Weise und laufen zuletzt Gefahr, daran zu verzweifeln. Wollen wir das Geschehen der Endzeit besser verstehen, dann müssen wir die Entwicklung der Menschengeister in der Nachschöpfung unterhalb des Paradieses als eine *Lebensschule* betrachten.

Zu dieser Schule gehört der Aufenthalt der Menschen auf der Erde, über die Wilhelm v. Humboldt schrieb: »Die Erde ist ein Prüfungs- und Bildungsort, eine Stufe zu Höherem und Besserem, man muß hier die Kraft gewinnen, das Überirdische zu fassen.« (Briefe, 1832)

Die Menschheit befindet sich jetzt in jenem letzten Abschnitt ihrer Entwicklung, die einer geistigen Reifeprüfung gleichkommt. Denn einmal ist auch diese Lebensschule für die zur Entwicklung zugelassenen Menschengeister zu Ende. Hier gibt es ebenfalls einen Termin, bis zu dem die »Abschlußprüfungen« beendet sein müssen. Und dieser Termin, der mit dem

Ende des Weltgerichtes zusammenhängt, ist jetzt da.

Da gilt es, viel Versäumtes nachzuholen für alle Seelen, die auf dem Weg zur Geistesreife in der Stofflichkeit im wahrsten Sinne des Wortes »sitzengeblieben« sind, weil sie sich nicht mühten, das Schöpfungswissen kennenzulernen und ihr Leben darnach einzurichten. Dadurch bereiteten sie sich manch ungutes Schicksal, von dem sie sich nun lösen müssen. Weit zurück in vergangenen Erdenleben liegen oft die Ursachen dazu. Vieles davon kann nicht im Jenseits, sondern nur im Erdenleben wiedergutgemacht werden, weil es im Irdisch-Grobstofflichen entstanden ist und nach dem Gesetz des Kreislaufes auch hier beendet werden muß. Eine nochmalige Inkarnation ist erforderlich.

Viele Seelen, die dies im Jenseits erkannt haben, drängen sich daher zur Inkarnation auf die Erde, um dunkle Schicksalsfäden, mit denen sie noch verbunden sind, so schnell wie möglich zu lösen, um ihre Lichtsehnsucht wieder zur hellen Flamme werden zu lassen.

Auch das ist ein allerdings nur in der Auswirkung sichtbares Zeichen der Endzeit.
Zu den vielen auf der Erde sichtbaren Zeichen gesellte sich nun auch noch ein Zeichen am Himmel: der Komet Kohoutek, der im Jahre 1973 aus unbekannter Ferne des Alls zu uns kam und auch dorthin zurückgekehrt ist. Es wird viel darüber gesprochen und gefragt, ob dieser Komet der Bethlehemstern oder der für diese Zeit erwartete große Komet sei.
Nach der heutigen Ansicht der Astronomen besteht der Kern eines Kometen aus Eis, Wasserstoff, Staub, Gestein und Gasen. Er wird durch die Sonne zum Aufleuchten gebracht. Dabei ist anzunehmen, daß ein solcher Komet seinen Ursprung in der stofflichen Welt der Nachschöpfung hat.
Es gibt aber auch noch andere Arten von Kometen, die ihren Ursprung in geistigen Regionen haben, die über der Nachschöpfung liegen. Sie werden zur Unterstützung besonderer Missionen in die Nachschöpfung gesandt. Ganz allgemein gesagt, muß demnach ein Komet, der aus einer geistigen Region kommt,

im Gegensatz zu einem Kometen, der aus den stofflichen Regionen des Weltalls kommt, einen ganz anders gearteten Kern haben, mit einer bedeutend kraftvolleren Ausstrahlung.

Ein solcher Komet war der Bethlehemstern. Er wurde aus dem weit über dem Menschenparadies bestehenden urgeistigen Reiche gesandt als Zeuge für den Gottessohn Jesus. Sein Kern war von hoher geistiger Beschaffenheit und wurde durch Umlegen verschiedener feiner und zuletzt stofflicher Hüllen den Menschen sichtbar.

Das würde bedeuten, daß er eine außergewöhnlich starke Ausstrahlung und eine eigene, hohe Leuchtkraft gehabt haben muß.

So berichtet denn auch der Kirchenlehrer Chrysostomos (344–407), daß der Bethlehemstern in einer anderen Richtung als die bekannten Sterne gewandelt sei, dann habe er auch bei Tage geleuchtet und durch die Macht seines eigenen Glanzes selbst die Strahlen der Sonne übertroffen.

Der für die jetzige Wende erwartete große Komet wird von gleicher urgeistiger Beschaffenheit sein, also einen in sich glühenden hochaktiven Kern haben. Doch wird er den Menschen keine Friedensbotschaft bringen, wie es beim Bethlehemstern der Fall war. Sein gewaltiger Strahlungsdruck, der die Erde erreicht, bevor der Stern als Quelle dieser Strahlung überhaupt sichtbar wird, wirkt zunächst beschleunigend, auslösend und reinigend auf die Grobstofflichkeit und dann erst aufbauend. Die Strahlungen des großen Kometen sind es auch, die mithelfen, alles Schicksal des Menschen, das er sich selbst bereitet hat, beschleunigt zur Auswirkung zu bringen, wobei das Übel bei weitem überwiegt.

Daher die überraschende und zugleich erschreckende Häufung von schweren, leidvollen Einzel- und Massenschicksalen aller Art.

Keine Menschenmacht vermag diese Wirkung des Sternes aufzuhalten oder zu verhindern. Unter seiner kraftvollen Einwirkung kommt alles Übel, alles Falsche ans Licht, wird aufgeweckt und aufgedeckt, auch wenn es durch die Schärfe und die Klugheit des Verstandes noch so gut verborgen und verschleiert war.

Es muß sich allen Menschen sichtbar zeigen, in jeder Einzelheit, und dann vergehen als taube Frucht, deren Saat von Anfang an vom Übel war. Denn wie die Saat, so die Ernte.

Ein Zeichen der Zeit, das an Deutlichkeit nichts zu wünschen übrigläßt, ist dieses gewaltige Schicksalsgeschehen, das Jahrtausende umfaßt und dessen treibende Kraft der große Komet ist.

Er wird auch der »Strahlende Stern« genannt und gilt als das glühende Siegel unter dem Neuen Bunde, den Gott zum letzten Male mit den Menschen schließt.

In einer alten sibyllinischen Prophezeiung für die Endzeit wird mit folgenden Worten auf eine Erscheinung hingewiesen, die auf den großen Kometen zutreffen kann: »Und Gott wird alsdann ein großes Zeichen vollführen. Denn es erglänzt ein Stern, einem leuchtenden Kreuze fast ähnlich, glänzend und überall leuchtend herab vom strahlenden Himmel und nicht wenige Tage hindurch.«

Auch Jesus wies auf ein besonderes Himmelszeichen hin, als er über die Endzeit sprach:

»Und alsdann wird erscheinen das Zeichen des Menschensohns am Himmel. Und alsdann werden heulen alle Geschlechter auf Erden und werden sehen kommen des Menschen Sohn in den Wolken des Himmels mit großer Kraft und Herrlichkeit.« (Matth. 24, 30)

Wir wissen nicht, wann das geschieht, welcher Art das Zeichen des Menschensohnes ist; ob damit der große Komet gemeint ist oder eine andere himmlische Offenbarung.

Wie dem auch sei: Das Zeichen des Menschensohnes wird als ein gewaltiges und majestätisches Symbol göttlicher Liebe alle anderen Himmelserscheinungen an Glanz und Stärke bei weitem übertreffen und die Menschengeister bis in die Tiefe ihrer Seelen erschüttern.

Der Komet Kohoutek ist also nicht der große Komet, weil er dessen Merkmale nicht aufweist. Deshalb sollen wir aber nun nicht denken, er habe uns nichts zu sagen.

Betrachten wir ihn als Vorläufer des großen Kometen, als eine Warnung und als ein Zeichen der Weltenwende, in der wir zur Zeit leben, mit all ihren umwälzenden Ereignissen und grundlegenden Veränderungen, die sich sehr oft in unglaublich kurzer Zeit vollziehen! Auch wenn seine Strahlung von schwächerer Art war, wird sie im Kosmos nicht ohne Wirkung geblieben sein und Mensch und Erde beeinflußt haben. –

So erscheinen die Zeichen der Endzeit immer deutlicher und häufiger. *Damals* ermahnte Jesus die Menschen, wach und bereit zu sein und auf diese Zeichen zu achten. *Heute* mahnen und warnen diese Zeichen durch ihre Gegenwart selbst.

Sie weisen vorbereitend auf kommendes großes Geschehen hin und geben uns gleichzeitig zu bedenken, wie nahe der Zeiger der Weltenuhr vor der zwölften Stunde steht. Es ist also höchste Zeit, *geistig zu erwachen* und wieder den rechten Weg zu finden, dessen Richtung uns der Komet zeigt: nach oben, den lichten Höhen zu!

Die Menschen müssen sich nun endlich von allen irdischen Bindungen und Verstrickungen befreien, indem sie ihre Fehler erkennen und in Zukunft unterlassen. Es bleibt ihnen keine andere Wahl, als die *Empfindung des Geistes,* die auch die innere Stimme genannt wird, wieder an die erste Stelle zu setzen und wieder genau auf das Gewissen zu achten, zu dem die eigene innere Stimme und die Stimmen der jenseitigen Helfer gehören. Eine große Hilfe dabei ist das Wissen von der wahren Ursache des Sündenfalles.

Dann wird vielleicht die Erde, wie in längst vergangenen Zeiten, wieder ein Abbild jener himmlischen Gärten werden, die zu erreichen unsere unstillbare Sehnsucht immer bleiben soll.

Die Wiederkehr des Bethlehemsternes

Zu allen Zeiten übte der Stern von Bethlehem eine besondere Wirkung auf die Menschen aus.
Immer wieder wurde versucht, sein Geheimnis zu ergründen, Deutungen und Erklärungen über ihn zu geben. Doch bis heute ist seine wahre Herkunft und Beschaffenheit unerkannt geblieben.
Eine der geläufigsten Erklärungen über den Bethlehemstern ist die sogenannte Konstellationstheorie, die sich auf eine Konjunktion zwischen den Planeten Saturn und Jupiter bezieht. Wäre dies wirklich so, dann hätten die überlieferten Schriften gewiß die Begegnung zweier Wandelsterne zum Gegenstand gehabt. So aber berichten sie über nur einen Stern und über seine ungewöhnlichen Eigenschaften, die ihn vor den Fix- und Wandelsternen auszeichneten.
Sicherlich gab es bei Christi Geburt, ganz

gleich in welchem Jahr sie nach menschlicher Berechnung gewesen sein mag, unter den damals bekannten Planeten bedeutende Konstellationen, und die drei Weisen aus dem Morgenland, die das Sternenwissen beherrschten, wußten um ihre Bedeutung. Aber sie beobachteten auch noch für kurze Zeit eine besonders auffallende Himmelserscheinung, den Stern von Bethlehem, dem sie nachgingen.

Der Evangelist Matthäus schildert ihn anschaulich mit einfachen Worten: »Und siehe der Stern, den sie im Morgenland gesehen hatten, ging vor ihnen her, bis daß er kam und stand oben über, da das Kindlein war.« (Matth. 2,9)

Im »Buch des Jakobus«, einer anderen Überlieferung, die aber nicht in die Bibel aufgenommen wurde, berichten die drei Weisen: »Wir haben gesehen, wie ein unbeschreiblich großer Stern unter diesen Sternen schien und die anderen verdunkelte, so daß sie nicht mehr schienen; und so erkannten wir, daß für Israel ein König geboren wurde.« Bei dem Buch des

Jakobus, auch »Protevangelium des Jakobus« genannt, handelt es sich um eine Schrift (ca. 1. bis 3. Jahrhundert n. Chr.), in der die Geburt und Kindheit Marias, der Erdenmutter Jesu, sowie die Geburt Jesu geschildert wird.
Auch andere Glaubensrichtungen befaßten sich mit der Erscheinung dieses Sternes. Chalcidius, ein Philosoph, der in der ersten Hälfte des 4. Jahrhunderts lebte, erwähnt in seinem Kommentar zu Platos »Timäos« eine Geschichte, nach der »ein Stern gesehen ward, nicht um den Menschen Krankheit und Tod zu drohen, sondern um die Herabfahrt einer ehrwürdigen Gottheit vom Himmel zum Heil und zur Glückseligkeit der Menschen zu verkünden. Als die Chaldäer, gelehrte und in der Astronomie sehr erfahrene Männer, auf ihrer nächtlichen Reise diesen Stern beobachteten, sollen sie gleich den neugeborenen Gott aufgesucht und, da sie das majestätische Kind fanden, ihm die einer Gottheit allein zukommende Verehrung erwiesen haben.«
Sehr eingehend widmet sich der Kirchenlehrer Johannes Chrysostomos (344–407) in der

6. Homilie (Predigt) seines Matthäus-Kommentars dem Stern der Weisen: »Daß nämlich dies kein gewöhnlicher Stern war, ja wie mir scheint, überhaupt kein Stern, sondern eine unsichtbare Macht, die die Gestalt angenommen hatte, das scheint mir zuallernächst aus dem Wege hervorzugehen, den er genommen hatte.«

Chrysostomos erklärte nun, daß der Stern in einer anderen Richtung als die bekannten Sterne gewandelt sei, dann habe er auch bei Tage geleuchtet und durch die Macht seines eigenen Glanzes selbst die Strahlen der Sonne übertroffen. Er sei erschienen und wieder verschwunden, und schließlich habe er sich herabgesenkt. »Er blieb nicht in der Höhe«, sagt Chrysostomos weiter, »und zeigte von da aus den Ort, sonst hätten ihn ja die Magier auch gar nicht sehen können; nein, er kam zu diesem Zweck herab in die Tiefe.« – – – »Wie hätte also unser Stern den schmalen Raum andeuten können, den die Krippe und die Hütte einnahmen, wenn er nicht über dem Haupte des Kindes stehengeblieben wäre? Das wollte denn auch der Evangelist andeuten, da er sagte: 'Siehe, der Stern ging ihnen voraus, da er an dem Orte stillestand, an dem das Kind sich befand.'«

So fanden die drei Könige aus dem Morgenland den Gottessohn durch den Stern von Bethlehem. Es war eine außerordentliche Führung, die nicht nur um einer einmaligen Huldigung willen geschah. Mit Recht wird daher hier und da der Einwand gemacht, warum sich die drei Könige nach der Huldigung nicht mehr um den Gottessohn kümmerten. Tatsächlich gehörte es zu ihrer Aufgabe, Jesus während seines Erdenlebens zu beschützen. Wie notwendig dieser aus lichten Höhen vorgesehene Schutz gewesen wäre, beweisen die bald nach der Geburt Jesu einsetzenden Ereignisse: die Reise der Eltern mit Jesus nach Ägypten, der Kindermord durch Herodes, dann die späteren Angriffe und Verfolgungen durch die Priester und schließlich die Festnahme und das gewaltsame Ende Jesu. Bei den Inhabern der Machtpositionen im eigenen Land fand Jesus keinen Schutz, und sein

Erdenleben hätte vielleicht einen ganz anderen, jedenfalls besseren Verlauf genommen, wenn die drei Könige ihrer Aufgabe gerecht geworden wären und ihn nicht allein gelassen hätten.

Schon aus den wenigen angeführten Berichten geht hervor, daß der Bethlehemstern eine ganz andere Erscheinung gewesen ist, viel auffallender und eindrucksvoller als die Konjunktion zwischen Saturn und Jupiter, selbst wenn noch der eine oder andere Wandelstern zu der Begegnung hinzugekommen wäre.

Der »Bethlehemstern« besteht tatsächlich. Nur ist er kein Teil unseres Sonnensystems oder anderer Sternenwelten der Nachschöpfung, d.h. der Stofflichkeit. Sein Ursprung liegt weit über dem Paradies der Menschen im urgeistigen Reiche unterhalb der Göttlichen Sphäre, und seine Beschaffenheit ist im Kern von hochgeistiger Art, die eine ungeheure anziehende Kraft ausstrahlt. Wenn es heißt, daß dieser Stern zur Zeit der jetzigen Weltenwende wiederkehren soll, so kann weder seine Bahn noch die Zeit seines Erscheinens bestimmt werden, da diese Faktoren außerhalb jeder astronomischen Berechnungsmöglichkeit liegen.

Der einzige Anhaltspunkt für seine Wiederkehr, das heißt für sein Eintreten in die Welt der Stofflichkeit, wäre vor seiner möglichen Sichtbarkeit die sich bemerkbar machende Auslösung seines ungeheuren Strahlendrukkes.

Es liegt daher nahe, mit dieser Auslösung das katastrophale Geschehen in Verbindung zu bringen, das wir schon seit Jahrzehnten erleben.

Erdbeben, Vulkanausbrüche, Sturm- und Wasserfluten, das ungewöhnliche Wettergeschehen, das alles sind Ereignisse, die eine Ursache haben müssen, um so mehr, als sie in einer Häufung auftreten, die dem auslösenden Druck im Herannahen entsprechen könnten.

Auf jeden Fall muß eine »Störungsquelle«, die früher nicht vorhanden war, gewaltige Strahlen in das All senden, die auch in alles Irdische eindringen und so schwerwiegende Veränderungen hervorrufen.

Die fortschrittliche Wissenschaft sucht bereits seit Jahren eine Erklärung für all diese ungewöhnlichen und oft überraschenden Veränderungen und Störungen auf der Erde und im All, und man fragt sich, ob die Ursache dafür in einem weit entfernten, noch unbekannten Stern liegen könne.
Daß solche starken Strahlungen aus dem All auch den menschlichen Körper angreifen und oft unerklärliche Krankheiten und Todesfälle verursachen, ist mit Bestimmtheit anzunehmen! Dabei dürften die Gehirnzellen besonders anfällig sein.
In diesem Zusammenhang sei noch auf eine Prophezeiung hingewiesen. Sie ist in einem der Bücher »Sybillinischer Orakel« enthalten. Das sind Prophezeiungen, die in der Zeit vom 2. Jahrhundert v. Chr. bis zum 5. Jahrhundert n. Chr. teils von Juden, teils von Christen gemacht wurden. In einem dieser 14 Bücher ist bei der Schilderung des Weltgerichtes folgende Stelle zu finden: »Und Gott wird alsdann ein großes Zeichen vollführen. Denn es erglänzt ein Stern, einem leuchtenden Kreuze

fast ähnlich, glänzend und überall leuchtend herab vom strahlenden Himmel und nicht wenige Tage hindurch.«

Einen weiteren Hinweis finden wir in der Offenbarung des Johannes: »Und der dritte Engel posaunte: und es fiel ein großer Stern vom Himmel, der brannte wie eine Fackel ...« (Off. 8,10) »Und der fünfte Engel posaunte: und ich sah einen Stern, gefallen vom Himmel auf die Erde; und ihm ward der Schlüssel zum Brunnen des Abgrundes gegeben.« (Off. 9,1)

Danach ist der Stern, der »auf die Erde fällt«, der Schlüssel für die Auslösung des Gerichtes im Irdischen. Seine Strahlungen treffen und vernichten alles Dunkel, das sich im »Brunnen des Abgrundes« gesammelt hat.

Der Bethlehemstern sendet diesmal keinen Friedensgruß wie bei der Geburt Jesu, sondern er kommt als Mithelfer bei der Erfüllung des Weltgerichtes, und erst danach macht sich seine aufbauende Strahlungskraft bemerkbar. Solche Betrachtungen über die Wiederkehr des Sternes von Bethlehem sind also keineswegs abwegig, und es ist sehr gut möglich, daß

Gott durch das Sichtbarwerden des Sternes zur rechten Zeit allen wahrhaft suchenden Menschen erneut ein Zeichen seiner ewigen Liebe geben wird!

Übervölkerung – Ursache und Lösung

Es ist beängstigend, wenn wir die Zahlen für die rasche Zunahme der Erdbevölkerung lesen und die Berechnungen für die weiteren Jahre, falls das Wachsen in dem jetzigen Maße anhält. Man spricht schon lange von eincr Bevölkerungsexplosion, die mit technisch-materiellen Mitteln oder Geburtenkontrollen nicht aufzuhalten ist. Trotz aller Reformbestrebungen kann in vielen Ländern mit großem Geburtenüberschuß eine weitere Verarmung und weiteres Verhungern nicht verhindert werden.

Solch ein außergewöhnliches Geschehen bewegt jeden ernst Denkenden. Er fragt sich: Woher kommen diese vielen Menschen, warum sind sie hier, was ist die tiefere Ursache dieser erschreckenden Vorgänge?

Sie liegt in dem falschen Wollen der Menschen! Nach der Schöpfungsordnung sollten nur Menschenseelen aus den lichteren Regio-

nen des Jenseits auf Erden inkarnieren, um ihre Entwicklung zur Geistesreife fortzusetzen. So war es in den Anfängen der Erdenmenschheit, als sie noch unbewußt aus dem Lebensstrom schöpfte und sich in kindlichem Vertrauen den Gnaden des Schöpfers öffnete.
Aber der immer größer werdende Hang zum Materiellen, das Streben nach irdischen Genüssen und nicht zuletzt der fehlende Ernst bei Zeugungen öffneten die Tore, durch die Seelen auf den Erdenplan kommen konnten, die bei normaler Entwicklung in Regionen reifen müßten, welche weit unter der Erde liegen.

Ihnen gaben nun Erdenmenschen durch falsches Verhalten den nötigen Halt für Inkarnationen und lösten dadurch ein Geschehen aus, das im Laufe der Jahrtausende zu einer gewaltigen Katastrophe anwuchs.
Die nicht auf die Erde gehörenden Eindringlinge vermehrten sich und zogen zusammen mit versagenden Erdenbewohnern in immer schnellerer Folge weitere Gleicharten an, so daß bald unübersehbare Massen von minder-

wertigen Seelen die ganze Erde überfluteten, lichtere Menschenseelen bedrängten und unterdrückten und sie am geistigen Aufstieg hinderten.

Das ist, geistig betrachtet, die Hauptursache für die ungeheure Zunahme der Erdbevölkerung, abgesehen von mehr irdischen Ursachen wie z. B. längere Lebensdauer durch medizinische Hilfen und Unterbindung von Epidemien durch gezielte Vernichtung von Insekten und Bakterien mit chemischen Mitteln. Es bedeutet aber auch gleichzeitig, daß die Zustände, die in den niederen Regionen herrschen, auf die Erde übertragen werden und so die Hölle auf Erden ist.

In erster Linie ist an diesen üblen Zuständen die Frau beteiligt. Sie hat im Gegensatz zum Mann das feinere und damit auch stärkere Empfindungsleben und gibt deshalb bei der Anziehung der Seele vorwiegend den Ausschlag. Daher hängt es weitgehend von der geistigen Reife der Frau ab, welche Arten von Seelen inkarnieren. Sie hält damit nicht nur das Schicksal der Familie, sondern ganzer Völker in ihrer Hand und wirkt bestimmend und tief einschneidend auf ihren Niedergang oder Aufstieg.

Die Lösung des Übervölkerungsproblems ist in der Offenbarung des Johannes (Apokalypse) zu finden. Den Schilderungen über die Plagen und Auswirkungen des Zornes Gottes im Endgericht ist zu entnehmen, daß eine große Anzahl Menschen dieser Erde sterben muß. Einen Begriff von der Höhe der Zahl geben u. a. folgende Stellen: »Und ihnen ward Macht gegeben, zu töten den vierten Teil auf der Erde mit dem Schwert und Hunger und mit dem Tod und durch die Tiere auf Erden.« (Off. 6,8) »Und viele Menschen starben von den Wassern, weil sie so bitter geworden waren.« (Off. 8,11) »Von diesen drei Plagen ward getötet der dritte Teil der Menschen.« (Off. 9,18)

Alles, was die Menschen in diesem Gericht an Unglück trifft, ist nichts anderes als ein Vollzug ihrer eigenen Urteile, die sie sich selbst in Jahrtausenden durch übles Wollen gefällt haben. Zum Teil sind sie sogar selbst an diesem Strafvollzug beteiligt. Das fängt an bei der

Verpestung von Wasser und Luft, Verseuchung des Lebensraumes mit gesundheitsschädlichen Stoffen, die täglich unkontrolliert eingeatmet oder gegessen werden, und hört auf bei der Kriegstechnik mit ihren furchtbaren biologischen, chemischen und atomaren Waffen.
Das wichtigste und letzte Wort jedoch sprechen bei diesem umfassenden Weltgeschehen der Endzeit die Elemente, gegen die alle Atombomben ein Nichts sind.
Denn die Menschen haben nicht nur ihre sichtbare Umwelt verschmutzt, es gibt auch seelische Abfälle in Form von üblen Empfindungs- und Gedankengebilden, welche die feinstoffliche Umgebung verunreinigten. Dabei geschah etwas, das den Menschen nicht bekannt ist: Sie mißbrauchten Kraftströmungen und brachten sie zu einer großen Verwirrung, die sich am Ende zur bestimmten Zeit gewaltsam löst. Daran sind auch die vier Elemente Erde, Wasser, Feuer, Luft beteiligt, die nach der Aussage der Offenbarung gewaltige Veränderungen und Umwälzungen auf der Erde verursachen werden.

Dieses Geschehen gleicht einer großen Reinigung, bei der in erster Linie alle jene von der Erde fortgenommen werden, die »sie verderbt haben« (Off. 11,18), genau nach dem Schöpfungsgesetz: »Was der Mensch sät, das muß er ernten!« Sie gehören nach dem Entwicklungsgesetz nicht auf die Erde, die der Schöpfer nur für solche Menschenseelen vorgesehen hat, welche ihre Sehnsucht nach dem Reinen und Guten wachgehalten haben. Diese Entvölkerung der Erde wäre dann die Lösung des Übervölkerungsproblems, die nicht in den Händen der Menschen liegt, sondern in gerechter Weise durch die Schöpfungsgesetze vollzogen wird.

Das Dritte Reich (Prophetie)

Die größte Umlaufbewegung in der Nachschöpfung, die sich unterhalb des menschlichen Paradieses, der geistigen Heimat des Menschen, befindet, ist der Riesenkreislauf der Weltenteile, dessen ungeheure Größe und Ausdehnung unserem Vorstellungsvermögen nicht mehr zugänglich ist.

Es gibt 7 Weltenteile, die in der Offenbarung des Johannes (1,11) als Gemeinden in Asien mit Namen bezeichnet werden. Doch sind es keine irdischen Gemeinden, welche die Offenbarung meint, sondern riesige Weltsysteme, die in sich abgeschlossen in der stofflichen Welt der Nachschöpfung – in der Offenbarung Asien genannt – ihre gewaltigen Bahnen ziehen.

Die Erde gehört zum Weltenteil Ephesus mit seinen gewaltigen Systemen von Sonnen, Sonnenfamilien, Sternhaufen, Gas- und Staubwolken.

Der Kreislauf unseres Weltenteiles dauert viele Millionen Jahre, und nur durch Offenbarungen, die von geistiger Warte aus gegeben werden, erfahren wir, wie weit er fortgeschritten ist und wo wir zur Zeit im Weltall stehen. Ein irdisches Erfassen ist da nicht mehr möglich.
Aber einen anderen Kreislauf, der für unsere Auffassung noch sehr groß ist, vermögen wir wenigstens eine kurze Strecke zu beobachten, um die Größe der uns zunächstliegenden Entwicklungsmöglichkeiten einigermaßen zu verstehen.
Wir wissen, daß die Erde sich um ihre Achse dreht. Dadurch werden Tag und Nacht. Außerdem läuft sie noch in 365 Tagen um die Sonne, das bewirkt die Jahreszeiten, Frühling, Sommer, Herbst und Winter.
Es gibt aber noch eine dritte Bewegung, die unser Planet vollführt und die durch die Anziehungskraft des Mondes hervorgerufen wird: Seine Achse dreht sich wie bei einem Kreisel. Diese sehr langsam vor sich gehende Bewegung (Präzession) bewirkt eine ständige

Verschiebung des Frühlingspunktes. Der Frühlingspunkt ist der Schnittpunkt der in das Weltall hinausverlängerten Erdäquator-Ebene mit der Ebene der Ekliptik, der scheinbaren Sonnenbahn, auf welcher der Tierkreis mit seinen 12 Zeichen liegt. Hier steht die Sonne am 21. März eines jeden Jahres.

Der Frühlingspunkt der Sonne wandert im Sinne des Uhrzeigers in 25920 Erdenjahren durch die 360 Grade des Tierkreises. Diese rund 26000 Jahre werden das Platonische Jahr oder Große Jahr genannt. Ein Monat dieses Großen Jahres würde sich über 2160 Erdenjahre erstrecken, was einem Zeitalter entspricht.

Aber selbst das Große Jahr bedeutet vielleicht nur eine Welt-Minute oder gar nur Welt-Sekunden, wenn wir es mit jener Weltenuhr vergleichen, die nach göttlichen Gesetzen den Zeitablauf für den Kreislauf eines Weltenteiles bestimmt.

Der Tierkreis ist nicht eine Erfindung oder Phantasie des menschlichen Gehirnes. Er ist eine feststehende, lebendige Einheit von

Strahlungssphären oder Kraftfeldern, die sich nach den Gesetzen der Schöpfung formten. Die alten Völker, die noch innig mit der Natur verbunden waren, hatten die Fähigkeit, das »jenseitige« Wirken im Kosmos zu schauen. So erfuhren sie auch von dem Vorhandensein des irdisch nicht sichtbaren astralen Tierkreises und seinen Wirkungen.

Nach uraltem Wissen besteht der Tierkreis aus 12 Kraftfeldern, beginnend mit 0° Widder, dem Frühlingsanfangspunkt der Sonnenbahn. Jedes Kraftfeld erhielt ein Zeichen, wozu hauptsächlich Tiernamen verwendet wurden. Aber diese unsichtbaren *Kraftfelder des Tierkreises* sind nicht zu verwechseln mit den sichtbaren *Sternbildern* gleichen Namens.

Unter den Tiernamen sind auch die Namen der in der Offenbarung des Johannes genannten vier Tiere: Löwe, Stier, Widder und Adler, die sich auf den Thronesstufen Gottes befinden (Off. 4,6–8). Das heute mit »Skorpion« bezeichnete Kraftfeld hieß ursprünglich »Adler«, eine Änderung, die schon in alter Zeit vorgenommen worden ist.

Die Bezeichnung der kosmischen Kraftfelder mit den Namen der vier göttlichen Tiere ist gewiß nicht ohne Bedeutung. Denn jedes Kraftfeld hat eine ihm eigentümliche Strahlungsart, die jeweils etwa 2000 Jahre einen fördernden und aufbauenden Einfluß auf die Erde und ihre Bewohner ausübt, je nachdem, welchem Kraftfeld sich die Erde infolge ihrer Kreisel-Bewegung zuneigt. Es ist so, als ob die jeweilige Stellung der Erde wie eine Richtantenne wirkt, die aus einer bestimmten Richtung Strahlungen in erhöhtem Maße aufzunehmen fähig ist, wobei die Richtung durch den Frühlingspunkt der Sonne angezeigt wird. In Wirklichkeit ist unser ganzer Weltenteil ein wundervoll geordnetes Strahlungssystem, in dem die winzige Erde sinnvoll eingeordnet ist als Brennpunkt mannigfacher kosmischer Kräfte und Einflüsse.

Sie befindet sich durchaus nicht, wie früher angenommen wurde, ohne irgendwelche Beziehungen in einem leeren, toten Weltall, sondern schwebt im Gegenteil in einem farbigen Strahlungsnetz, dem auch der Mensch mit seinem Strahlungskranz auf das engste verbunden ist.

Die Entdeckung des Atoms, dieses kleinsten Bausteines der stofflichen Schöpfung, erleichtert uns das Verstehen des neuen, großartigen Strahlungsbildes des Kosmos, weil jeder Atomkern Strahlen aussendet. Infolgedessen müssen auch alle Zusammenschlüsse von Atomen, seien es nun die Dinge der Erde, der menschliche Körper oder die Sonnen, Sterne und Planeten die vielfältigsten Ausstrahlungen haben.

Die wissenschaftliche Forschung kommt der Kenntnis von den im Kosmos wirkenden Strahlungen immer näher. So wurde der unsichtbare Strahlungsgürtel entdeckt, der die Erde umgibt, wie auch erforscht worden ist, daß unsere Sonnenwelt ein ungeheures elektromagnetisches Kraftfeld bildet, das dem Gesetz der Schwere unterworfen ist.

Der ganze Kosmos hilft durch seine Strahlungen mit, die Entwicklungsstufen für die Menschheit zu bilden, auf denen sie Schritt für Schritt in langen Zeiten den geistigen Reife-

grad erreichen muß, den der Schöpfer für die Zeit des Weltgerichtes vorgesehen hat. Eine große Vielseitigkeit und Fülle von Entwicklungsmöglichkeiten ist darin eingeschlossen.
Gerade die Kreiselbewegung der Erde, welche die Zeitalter hervorbringt, verursacht bei dieser Entwicklung infolge ihrer langen Dauer weitgreifende Veränderungen und Wirkungen in der Natur und in dem Leben der Menschen, die um vieles stärker sind, als sie die beiden kurzen Rhythmen von Tag und Nacht und der Jahreszeiten hervorzubringen fähig sind.
So erhält jedes der kosmischen Zeitalter seine besondere Prägung durch die Art des jeweilig herrschenden Strahlungsfeldes, die auch in der Symbolik der Völker und Menschheitskulturen zum Ausdruck kommt.
Besonders bemerkbar macht sich der Wechsel von einem Zeitalter in das andere, also von einem Strahlungsfeld in das andere.
Wir erleben in unserem Jahrhundert einen solchen Wechsel oder Übergang von der Strahlungssphäre genannt »Fische« in die Strahlungssphäre mit Namen »Wassermann«.

Was aber dabei bisher noch nie gewesen ist, tritt jetzt zum ersten Male ein: Der Wechsel der Zeitalter fällt diesmal mit der großen Weltenwende zusammen, die eine Folge der Endzeit im großen Umlauf unseres Weltenteiles ist. Mit dieser Wende treten für die Erde neue Strahlungen auf, deren Ursprung der Menschheit noch unbekannt ist. Sie erzeugen im Kosmos und in der Erde starke Spannungen, deren Vorboten atmosphärische Störungen, klimatische Veränderungen, Grubenexplosionen, verstärkte Erdbeben und Vulkanausbrüche sind.

Wir stehen mitten in dieser Wende, die gleichzeitig das Weltgericht oder Endgericht mit sich bringt. Vergebliches Bemühen ist es, in dieser Zeit alte, abgestorbene Formen beleben zu wollen. Was nicht im Gleichgewicht der göttlichen Gesetze schwingt, schwindet *deutlich sichtbar* dahin, als ob es nie gewesen wäre.

»Alles muß neu werden« ist das unauslöschliche Merkmal dieser einmaligen Wende, die eine große vergangene Schöpfungsepoche beendet und gleichzeitig den Beginn eines neuen

Zeitabschnittes ankündigt, der das tausendjährige Reich des Friedens, das goldene Zeitalter bringen soll, *wenn die Menschheit die letzte Möglichkeit erkennt und ergreift,* Versäumtes und Vernachlässigtes in der geistigen Entwicklung nachzuholen.

Auf diese Zeit deutet auch eine Prophetie des Mittelalters hin. Danach sollte einmal ein Drittes Reich kommen. Nach dem Zeitalter des Vaters und des Sohnes sollte ein solches des Heiligen Geistes folgen, eben das Dritte Reich, das eine völlig neue Lebensordnung bringt.

Die Idee des dritten Reiches geht auf den Abt Joachim von Fiore (Floris) zurück, der ungefähr 1130 bis 1202 lebte. Seine Heimat war Kalabrien in Unteritalien. Durch eine innere Erleuchtung kam er zu der Erkenntnis der drei Zeitalter, die mit der göttlichen Dreieinigkeit verbunden sind.

Das Zeitalter des Vaters sollte mit Abraham beginnen und bis kurz vor Christi Geburt dauern. Dann kam das Zeitalter des Gottessohnes Jesus. Auf dieses folgt das Zeitalter des Heiligen Geistes, das die Erfüllung der Worte der

Offenbarung des Johannes bringt: »Und ich sah einen anderen Engel fliegen mitten durch den Himmel, der hatte ein ewiges Evangelium zu verkündigen denen, die auf Erden wohnen, und allen Nationen und Geschlechtern und Sprachen und Völkern und sprach mit großer Stimme: Fürchtet Gott und gebet ihm die Ehre; denn die Stunde seines Gerichtes ist gekommen! Und betet den an, der gemacht hat Himmel und Erde und Meer und die Wasserbrunnen!« (14, 6 und 7)

Auch die Erfüllung der Worte des Paulus: »Wenn aber das Vollkommene kommen wird, so wird das Stückwerk aufhören« (1. Kor. 13,10) sah Joachim von Fiore im Zeitalter des Heiligen Geistes.

Seine Lehre von den drei Zeitaltern war für die damalige Zeit etwas Außergewöhnliches. Sie erweckte Begeisterung und eine große, beschwingte Hoffnung bei der Bevölkerung des Mittelalters, die durch fortwährende Kriege heimgesucht wurde.

Doch gab sie auch Anlaß zu Unruhe und Streit. Nicht zuletzt fand sie das Mißfallen der Kirche, war sie doch von ketzerischer Denkweise nicht frei. So vertrat der Abt zum Beispiel die Ansicht, daß die Neuwerdung der Welt nicht aus einer Institution, sondern allein aus dem Geiste erfolgen müsse. In den Mittelpunkt seiner Lehre stellte er nicht die Wiederkunft Christi, sondern das Dritte Reich, dessen baldigen Anbruch er verkündete.

Seine Lehre vom Dritten Reich erfuhr im Laufe der Jahrhunderte manche Abwandlungen. Schließlich nahmen die Worte »Drittes Reich« in den vergangenen Jahrzehnten in Deutschland einen besonderen Platz ein, jedoch nur aus politischen Gründen wegen der Reihenfolge der Staatsformen, also ohne jede innere Beziehung zu dem von Fiore verkündeten Dritten Reich des Heiligen Geistes.

In Wirklichkeit liegt aber in der Lehre Fiores ein höherer Sinn, weil sie sich in das große Weltgeschehen einfügt.

So ist das Zeitalter des Vaters dem Zeitalter des Widders gleichzusetzen, das ungefähr die ersten beiden vorchristlichen Jahrtausende umfaßt.

Das vorangegangene Zeitalter des mächtigen Erdzeichens Stier brachte einigen großen Erdenvölkern den Höhepunkt ihrer Kultur. Doch war das Wissen von Gott durch das Großziehen des irdischen Verstandes in den Hintergrund getreten. Die Weisen der Erdenmenschen hatten nur noch Verbindung mit den Führern der Elemente. So verehrten sie die Sonne und ihren wesenhaften Hüter gleich einem Gott, und das Tier des damals vorherrschenden magnetischen Kraftfeldes Stier war ihnen heilig.

Das nachfolgende Widder-Zeitalter war die Zeit der großen Hilfen aus dem Licht für das sich in der Stofflichkeit der Nachschöpfung entwickelnde Menschengeistige. Der Wille Gottes neigte sich damals dem geistig am weitesten entwickelten Volk der Juden. Moses war sein Vermittler und Führer. Durch ihn erhielt die Menschheit die heute noch voll gültigen zehn Gebote Gottes.

Nach Moses kamen die Propheten, die das Volk zur Umkehr riefen und zum Gehorsam gegen Gott.

Weitere Wegbereiter für das Licht wurden in dieser Zeitspanne in anderen Völkern inkarniert, um auch sie einen Schritt weiter aufwärts zu führen zur Gotterkenntnis. Es waren Buddha in Indien, Zarathustra in Persien und Lao-Tse in China.

Dann folgte das Zeitalter des Gottessohnes, dem das Zeichen Fische zugeordnet war. Göttliche Liebe inkarnierte auf der schon damals verdunkelten Erde, um im letzten Augenblick die immer schneller abwärts gleitenden Menschen anzuhalten und ihnen ein Rettungsseil in dem göttlichen Wort zuzuwerfen. Denn Jesus kam nicht auf die Erde, um sich morden zu lassen. Er wollte das Wort der Wahrheit bringen. Das Wort allein konnte ihnen die Erlösung geben. Der Erfolg war für die Menschen tief beschämend. Die Seelennacht, welche die Mehrzahl umfangen hielt, ließ sie das Wort nicht erkennen und verwirklichen, so daß es anklagend hieß: »Und das Licht scheint in der Finsternis und die Finsternis hat's nicht begriffen.« (Joh. 1,5)

Nochmals wurde in dieser Zeit ein Wegbereiter auf die Erde gesandt: Mohammed verkündete dem Volk der Araber seine Lehre, die er auf der von Jesus gebrachten Wahrheit gründete. Er versuchte, den wahrhaften Gottesstaat auf Erden zu errichten.

Am Ende des jetzigen Fische-Zeitalters erkennen wir rückblickend, wie viele Hilfen das Licht allein in den vergangenen vier Jahrtausenden immer wieder gab, damit die Menschen den rechten Weg einhielten.

In den gleichen Jahrtausenden zeigten aber auch die Erfahrungen, daß die meisten Menschen sich den helfenden Gnaden aus dem Licht verschlossen und sich der Wahrheit sogar feindlich gegenüberstellten. Es ist eine außerordentliche Tragik in der Menschheitsgeschichte, daß mit dem Tode ihrer Wahrheitsbringer und Propheten statt eines zu erwartenden Aufstieges stets ein Niedergang einsetzte, der alles Mühen fast zunichte machte und die Menschheit mit schwerer Schuld belastete.

Mit dieser Erkenntnis stehen wir am Beginn des Zeitalters des Heiligen Geistes, das kosmisch gesehen mit dem Wassermann-Zeitalter übereinstimmt. Aber die Menschen wissen noch nicht einmal, wer dieser Heilige Geist ist. Bei kirchlichen Kunstwerken wird ganz richtig der Heilige Geist als Person dargestellt. Er ist wie Jesus eine Persönlichkeit und gleich ihm göttlicher Herkunft.

Die Bezeichnung »Heiliger Geist« war schon den Juden vor Christi Zeit bekannt. In dem Buch der Weisheit (9,17) heißt es: »Wer will deinen Rat erfahren? Es sei denn, daß du Weisheit gebest und sendest deinen heiligen Geist aus der Höhe.« Im Buch Sirach (1,7–10) steht geschrieben: »Einer ist weise, der Allerhöchste, der Schöpfer aller Dinge, allmächtig, ein gewaltiger König, – der auf seinem Thron sitzt, ein herrschender Gott; der hat sie durch seinen Heiligen Geist verkündigt, der hat alles zuvor gedacht, gewußt und gemessen und hat die Weisheit ausgeschüttet über alle seine Werke und über alles Fleisch nach seiner Gnade und gibt sie denen, so ihn lieben.«

Hier wird der Heilige Geist als handelnde Persönlichkeit dargestellt, die »alles zuvor gedacht, gewußt und gemessen hat«.

Jesaja verkündet den Heiligen Geist als »Knecht« Gottes: »Siehe, das ist mein Knecht – ich erhalte ihn – und mein Auserwählter, an dem meine Seele Wohlgefallen hat. Ich habe ihm meinen Geist gegeben; er wird das Recht (Gerechtigkeit) unter die Heiden (Menschen) bringen.« (Jes. 42,1) Später heißt es noch: »Mich sendet der Herr *und* sein Geist.« (Jes. 48,16) In der Schöpfungsgeschichte wirkt der Geist Gottes neben Gott bei der Schöpfung mit (1. Mos. 1,2).
In der Offenbarung bezeichnet Johannes den Heiligen Geist als »den, der da kommt« (1,4). Er übermittelt die Gnade »von dem, der da ist und der da war und der da kommt . . . und von Jesu Christo«. Das sind ganz offensichtlich zwei Personen, von denen er spricht. »Der da kommt« *und* Jesus! Gott selbst kommt nicht in die Schöpfung, weil sie in der ungeheuren Kraft seiner Göttlichkeit vergehen müßte. Aber er trennte schon vor Beginn der Schöpfung einen Teil von sich ab, so wie es später bei Jesus geschah: den Heiligen Geist. In den Sprüchen Salomos, wo der Heilige Geist »Weis-

heit« genannt wird, heißt es darüber: »Der Herr hat mich schon gehabt im Anfang seiner Wege; ehe er etwas schuf, war ich da. Ich bin eingesetzt von Ewigkeit her, im Anfang, ehe die Erde war.« (Spr. 8,22 und 23)

Die Schöpfung, die durch den Heiligen Geist erstand, wird auch von ihm erhalten, indem er in regelmäßigen Abständen seine Kraft in die Schöpfung sendet, wie es an jenem Pfingstfest geschah, an dem die Jünger die verheißene Kraft aus der Höhe aufnehmen durften.

Das ist auch der tiefe symbolische Sinn für das Zeichen des heraufziehenden Wassermann-Zeitalters, dessen uranisches Kraftfeld nun am Sternenhimmel seine Strahlungen zu entfalten beginnt. Es stellt eine männliche Gestalt dar, die Wasser aus einem Gefäß fließen läßt.

Dies entspricht einem Vorgang, der sich in höchsten Höhen der geistigen Urschöpfung vollzieht. Dort befindet sich die Gralsburg mit dem Heiligen Gral, dem Born des Lebens, der Verbindungspunkt zwischen dem Schöpfer und seiner Schöpfung. Von dort aus läßt der Heilige Geist seit *Bestehen der Schöpfung* das

»Wasser des Lebens«, die geistige Kraft, jedes Jahr zur bestimmten Zeit in die Schöpfung strömen zu ihrer dauernden Erhaltung und Erneuerung.
Nach der großen Reinigung, die durch das Weltgericht vor sich geht, sind die Menschen wieder fähig, diese Kraft bewußt aufzunehmen und sie zur Freude und zum Segen aller Kreatur zu verwenden.
So zieht die neue Zeit mit gewaltigen Veränderungen und Umwälzungen herauf, vorgesehen nach den Gesetzen der Schöpfung, verheißen von den Propheten des Alten Testamentes und kundgetan durch die Offenbarung des Johannes.
Viele Zeichen gibt es, um diese einmalige Zeitenwende zu erkennen. Sie leitet eine neue Epoche auf der Erde ein, in welcher nicht mehr der Mensch, sondern allein der Heilige Geist herrschen wird.
Er ist der von Jesus verheißene Menschensohn, der Wille Gottes in Person, der Tröster, der Geist der Wahrheit, der das in der Offenbarung des Johannes genannte »ewige Evange-

lium« verkündet (Off. 14,6), von dem Jesus bereits sagte: »Und es wird gepredigt werden dies Evangelium vom Reich in der ganzen Welt zum Zeugnis für alle Völker, und dann wird das Ende kommen.« (Matth. 24,14) Das Ende der alten und der Beginn der neuen Zeit.

Das ist dann die Zeit des *wirklichen* Dritten Reiches, dessen Erstehen auf Erden bisher verhindert wurde durch die Abkehr der Menschen von Gott und seinen Gesetzen.

»Wenn aber des Menschen Sohn kommen wird ...«

1.

Die Überlieferung gesprochener Worte ist ein schwieriges Problem, besonders wenn dadurch geistige Werte vermittelt werden. Wie leicht bilden sich bei der Weitergabe Erinnerungslücken, und wie sehr neigen die Menschen dazu, diese Lücken mit Gedanken auszufüllen, die ihrer eigenen Denkungsart und ihren eigenen Anschauungen entsprechen, wodurch der ursprüngliche Sinn des Gesagten oft ganz verlorengeht.

Leider machen hiervon die im Neuen Testament überlieferten Reden Jesu keine Ausnahme, um so weniger als sie erst Jahrzehnte nach seinem Erdentod auf Grund mündlicher Weitergabe oder schriftlicher Aufzeichnungen gesammelt und niedergeschrieben worden sind, wobei die Verfasser noch zusätzlich eigene Ansichten mit hineinverwoben.

Es handelt sich bei den Reden Jesu nicht um verstandlich gebundene irdische Erklärungen, sondern um geistige, das ganze Schöpfungswissen umfassende Erläuterungen und Lehren, die schon zum Teil von Anfang an falsch verstanden und dann auch so weitergegeben wurden. Sagte doch Jesus selbst, daß er von seinen Hörern, ja selbst von seinen Jüngern in manchen Dingen nicht verstanden worden sei. Allein schon durch die Weitergabe dieses Unverstandenen ist eine Veränderung des tatsächlich von Jesu Gesagten unvermeidlich.
Jeder weiß, daß er Gehörtes bereits nach kurzer Zeit nicht mehr genau wiedergeben kann, und wenn mehrere es aufnahmen, schildert es jeder anders. Das war schon in vergangenen Jahrtausenden so, und selbst die geistige Inspiration konnte dies bei den Jüngern und bei den Verfassern der Evangelien, auch bei deren bestem Wollen, nie ganz ausschalten.
Daß dieses Überlieferungsproblem auch theologische Kreise bewegt, und nicht erst heute, zeigen die Ausführungen des Theologie-Professors D. Johannes Weiss in seiner Abhand-

lung »Die drei älteren Evangelien« (1907). Er nimmt darin an, daß das Markus-Evangelium ungefähr 40 Jahre nach dem Erdenleben Jesu geschrieben worden sei, und fährt dann weiter fort:

»Aber die Zeit von 40 Jahren ist immerhin lang genug, um den bangen Zweifel zu rechtfertigen, ob denn wirklich noch eine zuverlässige Erinnerung an die Ereignisse und vor allem an die Reden des Herrn vorhanden war, ob nicht Unverstand und Absicht, phantasievolle Entstellung und Dichtung ihr umgestaltendes und zerstörendes Werk schon getan hatten, ehe die Evangelisten den Schatz vor weiterer Verwitterung und Zerstörung zu schützen unternahmen. Gegen diesen Zweifel hilft nicht das Augen-Verschließen, auch nicht die treuherzige Versicherung, daß dem nicht so war, oder der fromme Glaube, daß Gott eine solche Schädigung der uns so notwendigen Kunde von Jesus nicht zugelassen haben würde, sondern nur die gründliche historische Untersuchung und Kritik.«

An einer anderen Stelle der gleichen Abhandlung äußert sich D. Johannes Weiss, nachdem er aus den Evangelien Beispiele für das Umformen und Verändern der Reden Jesu gegeben hat, wie folgt:

»Angesichts dieser Fälle von Mißverständnis und Neubildung kann uns wohl ein schmerzliches Bedauern überkommen, daß wir die Worte Jesu nicht von seiner eigenen Hand niedergeschrieben überkommen haben, wie es bei Paulus und so vielen anderen Persönlichkeiten, die uns Führer zu Gott geworden sind, der Fall ist. Und wir müssen ernstlich fragen: Sind nicht viele Strahlen von seinem Licht in die Weite verlorengegangen, weil der Spiegel, der sie auffangen sollte, zu klein und zu stumpf war? Man kann wohl als sicher annehmen, daß manche Seiten seines Wesens uns unbekannt geblieben sind, weil kein Beobachter da war, der sie hätte verstehen können. Viele Worte werden verloren sein, weil sie in den Seelen dieser Menschen kein Echo fanden. Die Auswahl, die uns erhalten ist, wird durch ihren engen Gesichtskreis beeinflußt sein, und manches Wort war ursprünglich gewiß größer und tiefer gemeint, als wir es heute lesen.«

So ist bei manchen Stellen des Neuen Testaments die Frage wirklich berechtigt, wie nun tatsächlich die Worte Jesu gelautet haben mögen, und wir müssen uns hüten, von solchen fraglichen Texten zu behaupten, Jesus habe so gesprochen! Jesus hat in vielen Dingen nicht so gesprochen, wie es auf Grund falscher Überlieferungen gedeutet und gelehrt wird. Hierzu ein Beispiel aus Lukas 14,26: »So jemand zu mir kommt und hasset nicht seinen Vater, Mutter, Weib, Kinder, Brüder, Schwestern, auch dazu sein eigen Leben, der kann nicht mein Jünger sein.«

Jesus, der die »Göttliche Liebe« ist, wird niemals das Jüngertum davon abhängig gemacht haben, die nächsten Angehörigen zu »hassen«. Er hätte ja damit zu einer Sünde aufgefordert. Und das zeigt sofort das Unsinnige dieser überlieferten Worte, die Jesus gesprochen haben soll. Er wird verlangt haben, zu enge persönliche Bindungen zu meiden und das eigene Ich nicht in den Vordergrund zu stellen, damit sich seine Jünger unbelastet und ungehemmt der hohen Aufgabe widmen konnten.

Genauso unrichtig ist die Überlieferung von dem Menschensohn, mit der wir uns hier eingehend befassen wollen. Jesus gab seinen Jüngern am Ende seines Erdenwirkens die Verheißung über das Kommen des Menschensohnes. Er meinte mit dem Menschensohn nicht sich selbst, sondern eine andere Person. Die Jünger verstanden dies nicht und glaubten, Jesus selbst sei der Menschensohn, damals eine gewiß naheliegende und entschuldbare Annahme, weil sie in baldiger Erwartung des Endgerichtes und der Wiederkunft Jesu lebten.

Trotzdem wurde – kaum daß Jesus diese für die Menschheit bedeutungsvollste Prophezeiung ausgesprochen hatte – auch schon der Grund zu einem sehr verhängnisvollen Irrtum gelegt, der weitergegeben und schließlich in die Evangelien mit aufgenommen worden ist. Deswegen gibt es darin eine Reihe von falschen oder mindestens unklaren Redewendungen über den Begriff des Menschensohnes, die Jesus in seiner einfachen und klaren Ausdrucksweise niemals gebraucht haben würde.

2.

Deutlich verkündet Jesus das Kommen eines zweiten Gottgesandten: »Aber ich sage euch die Wahrheit: es ist euch gut, daß ich hingehe. Denn so ich nicht hingehe, so kommt der Tröster nicht zu euch; so ich aber gehe, will ich ihn zu euch senden. Und wenn derselbe kommt, wird er die Welt strafen um die Sünde und um die Gerechtigkeit und um das Gericht ...« (Joh. 16,7–8)

»Ich habe euch noch viel zu sagen; aber ihr könnt es jetzt nicht tragen. Wenn aber jener, der Geist der Wahrheit kommen wird, der wird euch in alle Wahrheit leiten. Denn er wird nicht von sich selber reden ...«

»Derselbe wird mich verklären; denn von dem Meinen wird er's nehmen und euch verkündigen. Alles, was der Vater hat, das ist mein.

Darum habe ich gesagt: Er wird's von dem Meinen nehmen und euch verkündigen.« (Joh. 16,12–15)
»Aber der Tröster, der Heilige Geist, welchen mein Vater senden wird in meinem Namen, der wird euch alles lehren und euch erinnern alles des, das ich euch gesagt habe.« (Joh. 14,26)
»Wer sich aber mein und meiner Worte schämt . . ., des wird sich auch des Menschen Sohn schämen, wenn er kommen wird in der Herrlichkeit seines Vaters mit den heiligen Engeln.« (Mark. 8,38) Gerade dieser letzte Satz wird sofort unverständlich bei der falschen Annahme, Jesus und der Menschensohn seien ein und dieselbe Person.
Alle diese Jesus-Worte beziehen sich auf eine andere Person und nicht auf die *unpersönliche* Kraft, die Jesus außerdem seinen Jüngern verheißen hatte: »Und siehe, ich will auf euch senden die Verheißung meines Vaters. Ihr aber sollt in der Stadt Jerusalem bleiben, bis daß ihr angetan werdet mit Kraft aus der Höhe.« (Luk. 24,49)

Diese Verheißung bezog sich auf die Ausgießung der Kraft durch den Heiligen Geist, einen Vorgang, der sich schon seit Bestehen der Schöpfung zu deren Erhaltung jedes Jahr zu einem bestimmten Zeitpunkt wiederholt und dessen Erfüllung damals die Jünger zum Pfingstfest erlebten, nachdem sie innerlich dazu bereitet waren durch das schwere Erleben, das der plötzliche und gewaltsame Tod ihres Herrn verursachte.
Die Tätigkeiten, die Jesus in seiner Verheißung der anderen Person zuordnet, wie »in alle Wahrheit leiten«, »verkündigen«, »lehren«, »an das erinnern, was Jesus gesagt hat« können nur von einer *Person* ausgeführt werden, machen also eine persönliche Erfüllung notwendig.
In dem Neuen Testament, herausgegeben von dem Theologieprofessor und Hofprediger Otto von Gerlach (Berlin 1863), heißt es in den erklärenden Anmerkungen: »Nur von einer Person, nicht von einer unpersönlichen Kraft oder Wirkung Gottes haben die Worte einen Sinn: Er redet nicht von sich selber.« Es wird

dann noch besonders auf die Wichtigkeit dieser großen Lehre der Heiligen Schrift von der Persönlichkeit des Heiligen Geistes hingewiesen, die bei weitem nicht genug gewürdigt würde.
Mit den Bezeichnungen »Geist der Wahrheit«, »Tröster«, »Der Heilige Geist« meinte Jesus den Menschensohn, der kommen wird, seine Mission fortzuführen.
Nicht zuletzt wird er die Irrtümer in den Überlieferungen und Deutungen der Worte Jesu richtigstellen kraft seines hohen Amtes, denn er kommt aus Gott.

3.

Der Menschensohn ist es auch, der den Menschen das Weltgericht bringt, weil er die Gerechtigkeit ist. Während Jesus, der in der Liebe wirkt, betonte, daß er nicht gekommen sei, um zu richten (Joh. 12,47). Das Richteramt ist von Gott der »Gerechtigkeit« in Person übertragen worden, dem Heiligen Geist! Sein Wirken kommt in den unabänderlichen Schöpfungsgesetzen zum Ausdruck, und ein Vergehen gegen diese Gesetze ist eine Sünde gegen den Heiligen Geist, die nicht vergeben werden kann und zu sühnen ist. Daher die Bibelworte, daß die Sünden gegen Gott und Gottessohn vergeben werden können, nicht aber die Sünde wider den Heiligen Geist (Matth. 12,31–32; Mark. 3,29).

Wic viele ernste Christen haben über den Sinn dieser Worte vergebens nachgedacht und sich davon bedrücken lassen, weil sie die wirkliche Bedeutung des Heiligen Geistes nicht wußten. Sein Werk sind die ehernen und unbestechlichen Gesetze, die die Schöpfung durchpulsen und zu denen auch das Gesetz vom Säen und Ernten gehört, das sich sowohl im Irdischen als auch im Außerirdischen einheitlich auswirkt.

Die Gedanken, das Empfinden, das Tun und Handeln des Menschen sind im Sinne dieses Gesetzes genauso eine Saat wie die in die Erde gelegten Samenkörner, eine geistige Saat, die derjenige selbst ernten muß, der sie ausstreute. Kein anderer kann ihm die Ernte dieser Saat abnehmen, sei sie nun gut oder schlecht. Auch Jesus nicht, denn er kann die Schöpfungsgesetze nicht ändern oder umgehen, weil er als Gottessohn ebenso den Gesetzen seines Vaters untertan ist wie die Geschöpfe. Sagte er doch ausdrücklich, daß er die Gesetze seines Vaters erfüllen und nicht umstoßen werde (Matth. 5,17).

Infolgedessen kann ein Mensch seinem Nebenmenschen die Sünden wider den Heiligen Geist nicht vergeben. Dagegen hat er die Macht und auch das Recht, ein ihm persönlich zugefügtes Leid zu verzeihen und dadurch eine üble Rückwirkung für den Täter von vornherein zu verhindern. In *diesem* Sinne sind die Worte Jesu zu verstehen: »Welchen ihr die Sünden erlasset, denen sind sie erlassen ...« (Joh. 20,23)

Ein Mensch also, der zum Beispiel durch seinen Hang zu Üblem einem Mitmenschen ein Leid antut, einen Schaden zufügt, kann von dem Betroffenen, aber nur von diesem, sofort die Vergebung dafür erhalten. Dadurch können sich für diese persönliche Schädigung keine üblen Schicksalsfäden entwickeln. Der sündhafte Hang aber, den der Täter in sich trägt und der die Triebfeder zu dieser Tat war, kann ihm von niemand vergeben werden. Er muß sich durch wirkliche Reue, die einer vollständigen inneren Wandlung zum Guten gleichkommt, selbst davon lösen. Beachtet und befolgt er dann in Zukunft die Gesetze des Heiligen Geistes, anstatt sich gegen sie zu stellen, wird die Gnade Gottes, die in diesen Gesetzen ruht, stets mit ihm sein!

Aus dem gleichen Grund konnte Jesus wohl die ihm persönlich zugefügten Schmähungen vergeben, er war aber nicht in der Lage zu verhindern, daß das durch die Ablehnung seiner Mission und seiner Botschaft entstandene schwere Menschheitsschicksal seinen Lauf nahm und sich nun in dem Weltgericht lösen muß.

4.

Die Frage, wann das Weltgericht kommen wird, ist bereits für alle die beantwortet, die mit offenen Augen um sich schauen.

Wir stehen mitten in der großen Endabrechnung des jüngsten oder letzten Gerichts. Tagtäglich erleben wir seine Auswirkungen, das heißt die Folgen unserer seit Jahrtausenden in die Welt gestreuten üblen Saat in ständig zunehmender Stärke und Häufung. Gerade die Häufung der Ereignisse ist ein besonderes Merkmal des Weltgerichtes. Sie ist die Folge einer nicht geahnten, ungeheuren Beschleunigung für alles Bestehende, verursacht durch die göttliche Kraft, die der Menschensohn zum Gericht unverändert in die Schöpfung bringt.

Wir brauchen ja nur einmal über die Geschehen nachzudenken, die den Menschen bereits seit Jahrzehnten in immer größerem Maße Unruhe, Schrecken, Verzweiflung, Not und Tod bringen, um zu erkennen, daß eine unsichtbare Macht dahinterstehen muß.

Ob es nun die immer heftiger werdenden Meinungsverschiedenheiten sind, der Glaubenszwiespalt, das Mißtrauen gegeneinander, Kriege, Aufruhr, atomares Wettrüsten, politische Verwicklungen, wirtschaftliche Schwierigkeiten, unglaubliche Einzel- und Massenschicksale, Verbrechen, Skandale und Krisen oder neue Krankheiten und Seuchen, die Naturkatastrophen sowie die ungewöhnlichen Witterungen und Temperaturen auf der ganzen Erde.

Nicht Atomkraft kann das Häufige und Ungewöhnliche dieser Geschehnisse bewirken, sondern allein die in der Schöpfung verankerte Gotteskraft, gegen die die gesamte von den Menschen verwendete Atomkraft wie auch der Mensch selbst ein Nichts ist!

Der Versuch, das immer größer werdende Chaos zu lenken oder gar aufzuhalten, ist daher zur Erfolglosigkeit verurteilt. Der Mensch wird durch die geistigen und irdischen Geschehen einfach überrollt und steht oft über Nacht vor gänzlich neuen Situationen und Tatsachen, mit denen er nur mit Gottes Hilfe fertig werden kann.

Hätten die Menschen nicht schon vor langer Zeit ihren Weg zu Gott verlassen, brauchte dieses furchtbare Gericht nicht zu sein, in dem jeder für seine in vielen Erdenleben großgezogenen Sünden die selbstverdiente Strafe entgegennehmen muß. Denn es ist nicht so, daß Jesus durch seinen Kreuzestod, den die Menschen als notwendiges Sühneopfer ansehen, alle Sünden der Welt auf sich genommen hätte. Die Sünden sind noch da und kommen wie eine Riesenlast auf uns zu in dem Weltgericht, das sich vor unseren Augen vollzieht und jeden zu seiner Zeit treffen wird, genau nach dem Gesetz. »Denn was der Mensch säet, das wird er ernten.« (Gal. 6,7) Das gilt für *alle* Menschen, gleich welcher Konfession sie angehören ...

5.

Doch gehen wir noch einmal in die Vergangenheit zurück und forschen nach weiteren Worten und Sätzen, die sich auf den Menschensohn beziehen, auf sein Wirken, seine Aufgabe und sein Kommen. Vielleicht bringt ein solcher Rückblick ein besseres Verständnis für die Gegenwart.

Im Alten Testament künden vor allem Daniel und Jesaja von dem Menschensohn. Jesaja nennt ihn mit dem Namen, den ihm Gott gegeben hat: »Imanuel!« (Jes. 7,14) Dieser Name wurde bis heute nicht in seiner wahren Bedeutung erkannt, weil die Menschen sich, ohne zu prüfen, durchweg die Ansicht des Evangelisten Matthäus zu eigen machten, Jesus sei Imanuel. Es handelt sich hier um einen jener Fälle, in dem der Evangelist bei der Zusammenstellung der Überlieferungen seine irrtümliche Ansicht mit dazugab, selbstverständlich ohne böse Absicht. Die anderen Evangelisten weisen diesen Irrtum nicht auf.

So berichtet Matthäus: »Und sie wird einen Sohn gebären, des Namen sollst du Jesus heißen ...« (Matth. 1,21), um anschließend die Prophezeiung des Jesaja (Jes. 7,14): »... und sie werden seinen Namen Imanuel heißen« (Matth. 1,23) gleichfalls auf die Geburt des

Gottessohnes zu beziehen, obwohl beide Namen ganz verschieden sind und Jesus sich nie Imanuel genannt hat noch so genannt wurde, wie er auch nie mit dem Namen Menschensohn angeredet worden ist.
In seiner weiteren Schau gibt Jesaja für die Zeit Imanuels ein beachtenswertes Zeichen: »Beschließet einen Rat, und es werde nichts daraus. Beredet euch, und es bestehe nicht; denn hier ist Imanuel.« (Jes. 8,10)
Diese Worte besagen: der Menschensohn Imanuel ist die ausübende Gerechtigkeit, deren ewige und unabänderlichen Gesetze die Schöpfung durchpulsen. Alles, was die Menschen nicht im Sinne dieser Gesetze tun, kann nicht bestehen und muß vergehen. Dies vollzieht sich aber von nun an in unheimlicher Beschleunigung, verursacht durch die göttliche Kraft, die der Menschensohn zum Gericht unverändert in die Schöpfung bringt. »Denn hier ist Imanuel!« Das falsche Tun kann auch nicht mehr wie früher eine Zeitlang verborgen werden, sondern muß sich in kurzer Zeit allen sichtbar als solches zeigen. Die Zu-

nahme der gescheiterten Konferenzen, der leeren Versprechungen, der Ratlosigkeit sind Zeichen eines falschen »Beratens« und »Beredens« und gehören zu den Hinweisen für das Eintreffen der Prophezeiung.
Ein weiteres Zeichen dafür sind die vielen auftretenden falschen Propheten (Matth. 24,11). Sie werden deshalb so genannt, weil sie den suchenden und irrenden Menschenseelen etwas versprechen, das zu tun nur der Menschensohn die Kraft hat! Wenn sie da sind, tritt auch der richtige Prophet hervor!
Auf ihn weist auch Paulus mit den Worten hin: »Denn unser Wissen ist Stückwerk, und unser Weissagen ist Stückwerk. Wenn aber kommen wird das Vollkommene, so wird das Stückwerk aufhören.« (1. Kor. 13,9–10) Vollkommen sind allein Gott und seine Söhne Jesus und Imanuel, die beide als ein Teil von Gott ewig eins mit ihm sind und nur in ihrem Wirken getrennt bleiben. Denn auch der Menschensohn Imanuel kommt, wie Jesus deutlich sagt (Joh. 16,7–15), aus Gott und ist daher nach irdischen Begriffen ein Sohn Gottes.

Als Paulus diese Worte sprach, war das Pfingsterlebnis der Jünger bereits vorüber, so daß seine Worte nicht, wie es geschieht, darauf bezogen werden können.

Ein unbekannter Prophet, dessen Kündungen im Buch Henoch stehen, erhielt ebenfalls tiefe Einblicke in das geistige Geschehen und in die Zukunft des Menschensohnes Imanuel. Wir erfahren darin, daß der Menschensohn schon vor dem Bestehen der Schöpfung dagewesen ist und daß er zunächst verborgen war und nur den Auserwählten geoffenbart worden ist. Doch lesen wir die betreffenden Stellen in der Prophezeiung selbst:

»Ich fragte den Engel, der mit mir ging und mir alle Geheimnisse zeigte, über jenen Menschensohn, wer er sei, woher er stamme und weshalb er mit dem betagten Haupte gehe? Er antwortete mir und sagte zu mir: ›Dies ist der Menschensohn, der die Gerechtigkeit hat, bei dem die Gerechtigkeit wohnt und der alle Schätze dessen, was verborgen ist, offenbart.‹« (Henoch 46,2–3)

»An jenem Orte sah ich einen Brunnen der Gerechtigkeit, der unerschöpflich war. Rings umgaben ihn viele Brunnen der Weisheit; alle Durstigen tranken daraus und wurden voll von Weisheit, und sie hatten Wohnungen bei den Gerechten, Heiligen und Auserwählten. Zu jener Stunde wurde jener Menschensohn bei dem Herrn der Geister und sein Name vor dem Betagten genannt. Bevor die Sonne und die Zeichen geschaffen, bevor die Sterne des Himmels gemacht wurden, wurde sein Name vor dem Herrn der Geister genannt. Er wird ein Stab für die Gerechten und Heiligen sein, damit sie sich auf ihn stützen und nicht fallen; er wird das Licht der Völker und die Hoffnung derer sein, die in ihrem Herzen betrübt sind.« (Henoch 48,1–4)

»Die Könige und die Mächtigen und alle, die die Erde besitzen, werden rühmen, preisen und erheben den, der über Alles herrscht, der verborgen war. Denn der Menschensohn war vorher verborgen, und der Höchste hat ihn vor seiner Macht aufbewahrt und ihn den Auserwählten geoffenbart.« (Henoch, 62,6–7)

»Große Freude herrschte unter ihnen, und sie

segneten, lobten, priesen . . ., weil ihnen der Name jenes Menschensohnes geoffenbart wurde. Er setzte sich auf den Thron seiner Herrlichkeit, und die Summe des Gerichtes wurde ihm, dem Menschensohn, übergeben, und er läßt die Sünder und die, welche die Welt verführt haben, von der Oberfläche der Erde verschwinden und vertilgen.« (Henoch 69,26–27)

Das nicht in unserer Bibel enthaltene Henochbuch ist vermutlich vollständig nur in der äthiopischen Übersetzung erhalten geblieben, nachdem der hebräische oder aramäische Urtext verlorenging. Schon früh wurde das Henochbuch in den alttestamentarischen Kanon der abessinischen Kirche übernommen und kam so als das äthiopische Henochbuch – zum Unterschied von anderen, aber nur unvollständigen Übersetzungen – im 17. Jahrhundert nach Europa. Es gehört zu den sogenannten apokryphen (geheimen) Schriften, die nach Luther »nicht der Heiligen Schrift gleichgehalten und doch nützlich und gut zu lesen sind«.

Die im Henochbuch übermittelte Kunde, der Menschensohn sei schon vor dem Bestehen der Schöpfung mit Namen bekannt gewesen, finden wir in den Sprüchen Salomos wieder. Dort sagt der Menschensohn, der hier mit dem Namen »Weisheit« genannt wird: »Der Herr hat mich gehabt im Anfang seiner Wege; ehe er etwas schuf, war ich da. Ich bin eingesetzt von Ewigkeit, von Anfang, vor der Erde.« (Spr. 8,22 u. 23)
Weiter erfahren wir in diesen Sprüchen, welche Aufgabe der Menschensohn von Gott übertragen bekommen hat. Es heißt dort, daß er der »Werkmeister« war (Spr. 8,22–31). Sein »Werk« aber ist die Schöpfung!
Abschließend sagt dann der Menschensohn: »Wer mich findet, der findet das Leben und wird Wohlgefallen vom Herrn erlangen. Wer aber an mir sündigt, der verletzt seine Seele. Alle, die mich hassen, lieben den Tod.« (Spr. 8,35–36) Die Worte »wer an mir sündigt« sind gleichbedeutend mit der Sünde wider den Heiligen Geist, über die schon eine Erklärung gegeben wurde.

Diese Hinweise sind natürlich nicht erschöpfend. Manche anderen Weissagungen auch außerhalb der Bibel weisen auf das Kommen eines großen Helfers für die Menschheit hin. Die heilige Kunde hiervon wurde nicht nur dem jüdischen Volke gegeben, obwohl sie gerade für die Juden eine ganz besonders schicksalhafte Bedeutung hat.
Lehnten die meisten von ihnen doch damals in der Erwartung auf den Messias Jesus als Gottessohn ab, obwohl sie zu jener Zeit die größte Möglichkeit geistigen Erfassens in sich trugen und deswegen als auserwähltes Volk für die Inkarnation des Gottgesandten ausersehen waren. Auch für sie ist nun die letzte Gelegenheit gekommen, sich von der Schuld ihres einstigen Versagens zu lösen, wenn sie den Menschensohn Imanuel als den von ihren Propheten verheißenen und jahrtausendelang sehnlichst erwarteten Messias erkennen!

Der Neue Bund

Schon lange lastete das Dunkel, das sich die Menschen selbst geschaffen hatten, auf der Erde. Sie waren nicht mehr fähig, sich den lichten Strömen aus der Höhe zu öffnen, und hatten sich selbst in den von Luzifer geschickt ausgeworfenen Netzen der Eitelkeit und des Besserwissenwollens so gefangen, daß ein Entkommen aus eigener Kraft kaum noch möglich war.

Da neigte sich die unermeßliche Gnade Gottes der immer tiefer sinkenden Menschheit. Ein Strahl göttlicher Gerechtigkeit senkte sich in die Schöpfung und erreichte auch die Erde. Das sie umklammernde Dunkel konnte zurückgedrängt werden.

Das Volk Israel, durch Not und Unterdrückung in der Gefangenschaft in Ägypten innerlich gereift, nahm die Schwingung aus der göttlichen Gerechtigkeit auf und öffnete sich den helfenden Strahlen. Es erwuchs in ihm nach

und nach ein Ahnen von dem Bestehen des *einen* Gottes.
So konnte es geschehen, daß der Gott der *Väter Israels* nun mit dem *Volke* Israel einen Bund schloß. Schon vorher war Gott einen Bund eingegangen mit Noah und mit Abraham; bei dem Bund mit Noah war der Regenbogen das Bundeszeichen. Nun aber war es ein ganzes Volk, das dem Heiligen Bund angehören sollte, der als Grundlage für das Gottesreich auf Erden vorgesehen war.
Verheißungsvoll kündete Gott dem Volk Israel durch seinen berufenen Diener Moses: »Werdet ihr nun meiner Stimme gehorchen und meinen Bund halten, so sollt ihr mein Eigentum sein vor allen Völkern; denn die ganze Erde ist mein. Und ihr sollt mir ein priesterlich Königreich und ein heiliges Volk sein.« (2. Mos. 19,5–6) Auf dem Berge Sinai (Horeb) erhielt das Volk die Urkunde dieses Bundes: die zehn Gebote. Moses grub die Worte, von lichten Händen geführt, in steinerne Tafeln.
Nach diesem großen Geschehen erhielt Moses von Gott einen weiteren Auftrag: »Sie sollen

mir ein Heiligtum machen, daß ich unter ihnen wohne.« (2. Mos. 25,8)
Es wurde die Stiftshütte errichtet mit dem durch einen Vorhang abgeschlossenen Allerheiligsten. In dieses wurde die Bundeslade gestellt, welche die Gesetzestafeln enthielt. Auf der Bundeslade befand sich der Gnadenstuhl mit den 2 Engeln (Cherubim). Hier »wohnte« Gott, von hier aus sprach Er zu Moses alles, was dieser den »Kindern Israels« künden sollte (2. Mos. 25,21 und 22).
Doch ist das »Wohnen« nicht wörtlich aufzufassen, denn Gott vermag nicht persönlich in die Schöpfung auf die Erde zu kommen, sie würde in seiner unmittelbaren Kraft vergehen. Aber Er konnte eine Strahlung aus seiner Kraft in dem Allerheiligsten verankern, durch die Moses in seinem reinsten Dienen die Verbindung mit dem Willen Gottes aufzunehmen fähig war, um alle Hilfen für sein Volk zu empfangen.
Diese Strahlungsverbindung muß tiefer blikkenden Menschen sichtbar gewesen sein. Denn in der jüdischen Überlieferung wird von

einem Lichtschein, dem sogenannten Schechinalicht berichtet, welches das Allerheiligste in der Stiftshütte und später im Tempel Salomos erfüllte. Schechina bedeutet: das Licht der göttlichen Gegenwart unter den Menschen. Auch Salomo ahnte, daß Gott nicht auf der Erde in der Hütte wohnen konnte. Bei der feierlichen Weihe des Tempels brachte er das zum Ausdruck: »Sollte in Wahrheit Gott bei den Menschen auf Erden wohnen? Siehe, der Himmel und aller Himmel Himmel können dich nicht fassen; wie sollte es denn das Haus (Tempel) tun, das ich gebaut habe?« (2. Chron. 6,18)

So wurde das Volk der Israeliten mit Gnaden aus der Liebe Gottes überschüttet. Das größte Heil wurde ihnen mit den zehn Geboten geschenkt, die alles enthielten, was sie tun sollten, um geistig zu reifen und den Weg durch die Welt in Frieden und Harmonie zu vollenden. Doch waren es nur Gebote, denn es hieß »Du sollst« und nicht »Du mußt«. Die Menschen wurden nicht gezwungen, die Gebote zu halten. Das mußten sie selbst entscheiden.

Denn sie hatten den ihrer geistigen Art eigentümlichen freien Willen.
Wie oft aber versagte dieser freie Wille des Geistes, weil er verdunkelt wurde durch das falsche Wollen des erdgebundenen Verstandes, der das goldene Kalb irdischer Vergänglichkeit anbetete! Wie oft wurde der Bund einseitig von den Menschen gebrochen, die sich immer wieder gegen den Willen Gottes, gegen seine Gesetze auflehnten! Schon kurz nach dem Bundesschluß zertrümmerte Moses aus diesem Grund die steinernen Gesetzestafeln und bat Gott um Vergebung für das frevelhafte Tun seines Volkes, so daß Gott Erbarmen zeigte und Moses die Gebote noch einmal aufschreiben durfte.
Welche Mühe gaben sich die Propheten, das Volk stets von neuem zur Ordnung zu rufen, zur göttlichen Ordnung, obwohl ihnen diese deutlich genug in der einfachsten Weise in den zehn Geboten gegeben worden war.
Als auch sie nicht mehr durchzudringen vermochten, sandte Gott seinen eingeborenen Sohn Jesus zur Hilfe und Rettung.

Man fragt sich oft, warum Jesus gerade in dem Volk der Juden geboren werden mußte, warum nicht im römischen Volk, das damals auf der Höhe seiner Macht stand, während das jüdische Volk in sich zerrissen und haltlos war und unter der römischen Besatzungsmacht stöhnte.

Es geschah um der wenigen willen, die sich den Glauben an Gott in einer Reinheit bewahrt hatten, wie er sonst nirgends auf der Erde zu finden war. Dadurch boten sie den notwendigen irdischen Halt für den Wahrheitsbringer aus dem Licht. So vollzog sich die Inkarnation Jesu auf Erden, um den in Dunkelheit irrenden Menschen das Licht der Wahrheit zu bringen.

Er wollte weder ein neues Dogma geben noch eine neue Religion gründen. Ganz einfach zeigte er den Menschen den verlorenen Weg zum Himmelreich, indem er sie aufforderte, den Willen seines Vaters zu tun (Matth. 7,21). Den Willen tun aber heißt, die in der Schöpfung wirkenden, unabänderlichen Gesetze zu achten und zu befolgen.

Damit stellte er sich gegen die Religionsführer, denen er vorwarf: »Weh euch, die ihr das Himmelreich zuschließet vor den Menschen.« (Matth. 23, 13) Sie konnten das Licht der Wahrheit, das Jesus brachte, nicht ertragen, und schon wenige Jahre nach Beginn seines Erdenwirkens ließen sie ihn als lästigen Wahrheitsbringer kreuzigen. So erfüllte sich seine Voraussage, die er in das Gleichnis von den bösen Weingärtnern kleidete: »Und sie nahmen ihn (den Gottessohn) und stießen ihn zum Weinberg hinaus und töteten ihn.« (Matth. 21,39)

Diese entsetzliche Tat erfüllte alle Schöpfungen mit tiefstem Leid. Vieltausendfach klagten die Stimmen der Engel an dem Throne Gottes: »Das Lamm, das erwürget ist!« (Off. 5,12)

Selbst die Natur empörte sich. Dunkelheit zog über Golgatha, und die Erde erbebte.

Der Alte Bund war endgültig zerbrochen, die Abtrennung von Gott vollzogen. Zum Zeichen dessen wurde der Vorhang im Tempel vor dem Allerheiligsten von lichten Händen zerrissen. Damit war auch die Bundeslade allen Blicken preisgegeben, weil sie ihren ursprünglichen Sinn und Zweck als Ort der Verankerung für die Verbindung mit Gott nicht mehr erfüllte. Jahrzehnte später wurde dieser Tempel, der eine Wohnstätte Gottes sein sollte, zerstört, so wie die Menschen den Bund mit Gott in blindem Haß zerschlagen hatten.

Schon seit dem Geschehen auf Golgatha nahm das Weltgericht für die ganze Menschheit seinen Lauf, das sich nun seinem Höhepunkt und Ende nähert.

Jesus erkannte bei seinem Erdenwirken immer mehr, daß der Alte Bund infolge menschlichen Versagens nicht mehr zu halten war, und dereinst ein Neuer Bund geschlossen werden mußte, um denen noch einmal eine letzte Möglichkeit zu geben, die bereit waren, sich in wahrer Demut Gott zu nähern.

Aus diesem Wissen heraus sprach er kurz vor seinem Erdentod die Worte: »Das ist mein Blut des Neuen Bundes, welches vergossen wird für viele zur Vergebung der Sünden.« (Matth. 26,28) Er bestätigte mit seinem Blut, das er am Kreuze vergoß, die Wahrheit des von ihm ge-

brachten Wortes. *Nur die Befolgung seines Wortes* ermöglicht für viele die Erlösung von allen Sünden und damit Vergebung.
Er bereitete mit seinem Wort den Menschen über zwei Jahrtausende hinweg den Weg zu dem Neuen Bund, den der Mensch als ein von seinem Schöpfer abhängiges Geschöpf braucht; ohne den es keine Verbindung mehr zu Gott gibt, nachdem sie durch die Kreuzigung unterbrochen worden war.
Den Neuen Bund aber schließt der Menschensohn, den Jesus selbst verkündete. Er nannte ihn auch den Geist der Wahrheit, den Heiligen Geist, den Tröster.
Was Jesus damals über den Menschensohn vorausschauend sprach, erfüllt sich nun in unserer Zeit.
Offenbarte sich Gott im Alten Testament als Gott der Gerechtigkeit, im Neuen Testament als Gott der Liebe, so schwingt seine letzte Botschaft aus dem Gral in der Gerechtigkeit, Liebe *und* Reinheit. Denn Gerechtigkeit, Liebe und Reinheit sind eins, weil in ihnen die göttliche Vollkommenheit ruht!

In dem klaren, strengen Licht göttlicher Reinheit vollzieht sich im Weltgericht die große Reinigung der gesamten Schöpfung, einschließlich der Erde, von allem Schmutz und Übel, das die Menschheit seit Jahrtausenden angehäuft hat. Daß eine so groß angelegte Schöpfungsreinigung nicht still und sanft vor sich geht, erleben wir tagtäglich immer deutlicher. Die reinigenden Strahlen, die in die Schöpfung dringen, erfassen alles, ohne Ausnahme. Alles muß sein wahres Gesicht zeigen, selbst wenn es sich bisher Jahrhunderte und Jahrtausende zu verbergen wußte: Es kommt an den Tag, um zu vergehen, wenn es falsch war, oder es wird gestärkt, wenn es in rechter Weise sich betätigte.

Auch der einzelne Mensch unterliegt dieser Reinigung und muß sich befreien von allen Schlacken unreinen Wollens.

Reinheit ist auch die Bedingung für den Neuen Bund mit Gott, welcher der reinen Treue der Menschen bedarf. Denn aus der Reinheit im Göttlichen erwächst die Treue im Menschengeistigen. Was in echter Treue getan wird, ist rein! Sie setzt den Menschen in die Lage, in den von Gott geoffenbarten Worten *und* Werken seinen Willen zu erkennen und diesem aus freiem Entschluß das menschliche Wollen anzupassen.

Erst dann kann der Mensch Gott angehören und ihm in Demut dienen mit dem ganzen Sein. Damit hat er aber auch die Voraussetzung geschaffen, in den Neuen Bund aufgenommen zu werden. Im Glanze seiner Treue wird er zuletzt das lang ersehnte himmlische Paradies betreten dürfen, das ihm durch den Neuen Bund geöffnet wird.

In einer Zeit tiefster seelischer Dunkelheit, in der zahllose Menschen nichts mehr von Gott wissen wollen, in der sogar ungezählte Christen sagen, daß Gott tot sei, daß Gott sich von der Menschheit entferne, in der bereits widersinnigerweise von einem christlichen Atheismus gesprochen wird, offenbart sich Gott gewaltiger denn je durch sein Wort. Daß dieses Wort in einer Botschaft aus dem Gral enthalten ist, ist das große Neue, das an die Menschen herantritt, von dem sie bisher nur in

Sagen und Legenden hörten. Dieses neue Wissen gehört zu dem Neuen Bund mit Gott, nachdem der Alte Bund durch das Geschehen auf Golgatha aufgelöst worden ist.
Israel, das einst berufene Volk, das einmal »das Herz der Nationen« werden sollte, besteht als *solches* nicht mehr.
Wie Jesus es damals voraussah, so hat es sich erfüllt: »Darum sage ich euch: Das Reich Gottes wird von euch genommen und einem Volke gegeben werden, das seine Früchte bringt.« (Matth. 21,43) Die Saat zu diesen Früchten wird nun gelegt. Ein neues auserwähltes Volk wächst heran, das sich aus den von Gott auserwählten Einzelmenschen zusammensetzen wird.
Diese Auserwählten sollen durch ihr Wirken den Völkern Vorbild sein für ein wirkliches Leben in dem Neuen Bund mit Gott, den der Menschensohn segnet mit der Kraft aus dem Heiligen Gral, der an höchster Stelle des urgeistigen Reiches tatsächlich besteht. Denn auch der Gral ist eine Schöpfung Gottes.

Lehrer der Menschheit

Die Erde ist eine große Schule für die Menschengeister. Hier müssen sie sich zu jener Bewußtseinsstufe entwickeln, die für den Einlaß in das Paradies maßgebend und mit der Stufe des Sichselbstbewußtseins zu bezeichnen ist.

Diese Entwicklung umfaßt lange Zeitläufe und kann in *einem* Erdenleben nicht abgeschlossen werden.

Mehrmals muß der Menschengeist auf die Erde wiederkehren und sich in Menschenkörper inkarnieren, bis er den geistigen Reifegrad und die innere Reinheit erreicht hat, die eine endgültige Abkehr vom Erdenbann und einen andauernden Aufstieg in lichte Höhen mit sich bringt.

In einer Schule gibt es Lehrer, welche die Schüler bilden, fördern und in die nächsthöhere Schulstufe weiterführen.

Genauso gab es in der großen Menschheitsschule Lehrer für die Erdenmenschen, die ihnen den Weg zur Wahrheit als Endziel zeigen sollten.

Wahrheit ist ewig und unveränderlich, sie bleibt sich immer gleich und ist für uns in den Schöpfungsgesetzen einschließlich der Naturgesetze erkennbar, die ebenso unveränderlich sind. Die Erkenntnis dieser ehernen Gesetze führt ohne Umwege zu Gott, weil darin sein Wille zum Ausdruck kommt, weil wir durch sie erfahren, was Gott will. Diesen Willen zu erforschen und zu befolgen, ist höchste Aufgabe des Menschen. Richten wir uns nach dem Willen, geht es uns gut, und wir werden froh und glücklich.

Dies alles wußten die Menschheitslehrer wie Moses und die Propheten, Zoroaster, Lao-Tse, Buddha und Mohammed, die Gott zu den verschiedenen Völkern auf die Erde sandte. Sie wurden in lichten Reichen liebevoll und sorgfältig darauf vorbereitet.

In treuer Erfüllung ihrer Aufgaben waren sie bemüht, die Menschen ihrer Völker stufenweise nach dem jeweiligen seelischen Reifegrad dem Lichte entgegenzuführen, sie zu lehren, wie sie nach den Gottgesetzen leben müssen, damit am Ende der Erdenschule das geistige Streben der Völker zu einem *einzigen Bekenntnis zur göttlichen Wahrheit* hätte vereinigt werden können.

Sie alle und noch andere dazu waren Wegbereiter für die Wahrheit, für den Wahrheitsbringer, der für die Zeit der jetzigen großen Weltenwende verheißen ist. Sogar der Gottessohn Jesus wies auf diesen Wahrheitsbringer hin, der nach ihm das Weltgericht bringt.

Denn auch die Menschheitsschule auf der Erde ist einmal zu Ende, es gibt eine Reifeprüfung für den Menschengeist, der nachweisen muß, daß er die von Gott verliehenen Fähigkeiten recht entwickelt hat.

In dieser Zeit der großen geistigen Prüfung befinden wir uns gegenwärtig, und die Prüfungsergebnisse sind niederschmetternd, wie die Fülle der sich immer mehr häufenden trostlosen Ereignisse auf der ganzen Erde deutlich zeigt!

Was ist aus den einstigen Gotteslehren geworden? Von ihrem ursprünglichen Inhalt ist kaum noch etwas vorhanden; er wurde verfälscht, verbogen und mißbraucht. Nur einzelne Wahrheitskörner sind noch zu finden unter verwirrenden, starren Glaubenssätzen. Sogar die Botschaft des Gottessohnes wurde in vielem mißverstanden und falsch gedeutet.

Lassen wir einmal im Geiste ein Bild vor uns erstehen:

Wir erblicken den Tempel der Wahrheit, den Gralstempel mit dem gleichschenkeligen Gralskreuz auf der Kuppel, umgeben von kleineren Nebentempeln mit den entsprechenden Symbolen auf ihren Kuppeln. Sie verkörpern die Geisteslehren der letzten Jahrtausende, wie zum Beispiel die Lehren Zoroasters, Lao-Tse, Buddhas, Mohammeds, des Judentums und des Christentums.

Von einigen Lehren sind die Symbole bis auf die heutige Zeit erhalten geblieben.

So die Lotosblume für den Buddhismus. In ihrer Lieblichkeit und Reinheit weist die sich öffnende Blüte die Menschen auf das Streben nach Reinheit hin und auf das feste Verbun-

densein mit dem Strom des Lebens, so wie die Lotosblume im Grund des strömenden Wassers natürlich verwurzelt ist.
Für den Islam ist der Halbmond das heilige Symbol.
Mohammed hatte eine Vision: er sah ein holdes überirdisches Bild, die Himmelskönigin (nicht die Mutter Jesu) auf einer Mondsichel stehend.
So fand er das Zeichen des Islams, verbunden mit der Verpflichtung, stets die Frauen zu ehren und sie in ihrer hohen Aufgabe zu unterstützen, die sie im Dienste des Höchsten zu erfüllen haben. Sie stehen unter dem Schutz der Himmelskönigin, die das Ideal für alle Weiblichkeit der Schöpfung ist!
Das Judentum hat den Davidstern als heiliges Glaubenszeichen. Es sind zwei ineinanderliegende Dreiecke. Das eine mit der Spitze nach oben, das andere mit der Spitze nach unten. Die beiden Dreiecke sollen die untrennbare Verbindung zwischen der sichtbaren und unsichtbaren Welt versinnbildlichen.
Für das Christentum aber wird das Leidens-

kreuz Christi sich umwandeln in das Schwert der Gerechtigkeit im Gericht durch Verlängerung des unteren Schenkels des Gralskreuzes!
Alle Lehren waren in ihrem Ursprung rein. Hätten die Menschen sie rein erhalten und nicht im Laufe der Jahrtausende nach ihrem Sinn verbogen oder sie zu eigensüchtigen Zwecken verwendet, müßten heute diese Einzeltempel nur *Durchgangstempel* zu dem *einen Tempel der Wahrheit* sein!
So aber fanden alle Wege, welche die göttlichen Lehren wiesen, in dem jeweiligen Religionstempel ihr Ende. Sie führen nicht weiter zum Tempel der Wahrheit, weil die Menschen durch eigene Schuld die Tore zu den Durchgängen verschlossen halten!
Heute zeigen sich tatsächlich die aus diesen Lehren entstandenen Religionen oft voller Widersprüche und sogar gegensätzlich in ihren Bekenntnissen. Schon seit langer Zeit bekämpfen sich außerdem Andersgläubige, so daß von einem *einheitlichen Streben nach der Wahrheit* und deren Erkennen nicht gesprochen werden kann!

Es ist nicht damit getan, daß der *eine* Gott von allen anerkannt wird, es muß auch die Wahrheit erkannt werden, die Gott in seinen Schöpfungsgesetzen verankert hat. Das bedingt ein ernsthaftes Bemühen um die Erkenntnis dieser Gesetze, ein sachliches Überprüfen der eigenen Glaubenssätze nach diesen Gesetzen und zuletzt den Mut, nötig werdende Berichtigungen vorzunehmen!
Das alles wird jetzt durch die Strahlungen der Weltenwende herbeigeführt, damit sich für die lichtsuchenden Menschen der Ring des großen Menschheitswerdens in der Erkenntnis göttlicher Wahrheit zu schließen vermag.

Die Gesamtausgabe
(Übersicht)

Band 1: *Der Weltenwanderer*
Aus dem Inhalt:
Lohn und Strafe in den Schöpfungsgesetzen / Der freie Wille / Das Fortbestehen der Seele nach dem Tode / Der jenseitige Helfer / Die Erbsünde / Das Blut als Kennkarte / Die Sexualkraft / Woher kommt das Böse? / Mehr Verständnis für den Nächsten / Der Mensch, das aggressive Wesen / Gott und seine Schöpfung / Die Tugenden

Band 2: *Religiöse Themen in neuer Sicht*
Aus dem Inhalt:
Gott schweigt nicht! / Die Schöpfungsgeschichte / Die Himmelskönigin / Die Schuld von Golgatha / Das leere Grab / Die Posaunen des Weltgerichtes / Übervölkerung – Ursache und Lösung / Das Dritte Reich (Prophetie) / »Wenn aber des Menschen Sohn kommen wird« / Der neue Bund / Lehrer der Menschheit

Band 3: *Neues Wissen zur Zeit der Weltenwende*
Aus dem Inhalt:
Die Weltenwende / Die Natur hat immer recht / Das sprachliche Werk Martin Luthers / Was ist Glück? / Die Mehrheit entscheidet / Das Geheimnis der Sphinx / Sterne und Schicksal / Gartenzwerge / Die Inkarnation in Vergangenheit, Gegenwart und Zukunft

Band 4: *Ein Blick in die andere Welt*
Aus dem Inhalt:
Wahrheiten und Weisheiten in Sprichwörtern und Redensarten / Die Sünde wider den Heiligen Geist / Es kann der Frömmste nicht in Frieden leben, wenn es dem bösen Nachbarn nicht gefällt / Jemandem ins Gewissen reden / Schenke einem Menschen einen Fisch … / Wenn die Not am größten ist, ist Gottes Hilfe am nächsten / Die Zahl, das Wesen aller Dinge / Generationskonflikt / Der gefallene Erzengel / Was ist Wahrheit? / Das Weltgericht / Das zukünftige Friedensreich

Die einbändige Ausgabe:

16 x 24 cm
Leinen
1248 Seiten
ISBN 3-87860-203-0

Weitere Ausgaben:

Drei Bände, gebunden
ISBN 3-87860-103-4
ISBN 3-87860-104-2
ISBN 3-87860-105-0

Drei Bände, broschiert
(nur zusammen im
Schuber)
ISBN 3-87860-240-5

In den Jahren 1923 bis 1938 schrieb Abd-ru-shin jene 168 Vorträge, die er aufeinander aufbauend zu seinem Hauptwerk »Im Lichte der Wahrheit«, Gralsbotschaft, zusammenfaßte.

Die Menschheitsfragen nach unserem Woher und Wohin, nach dem Sinn des Lebens, nach Schicksal und Gerechtigkeit, nach Natur, Geist und Gottheit werden umfassend beantwortet. Je mehr man es bei der Lektüre unternimmt, die Aussagen der Gralsbotschaft am Maßstab des Lebens zu prüfen, um so mehr Wahrheit leuchtet aus den Antworten. So trägt das Buch nicht ohne Grund den Titel:»Im Lichte der Wahrheit«.